Sorumlu Makine Öğrenmesi Rehberi

Beta ve Bit ile

Sorumlu Makine Öğrenmesi Rehberi
R versiyonu

Yazarlar:
Przemysław Biecek, Anna Kozak, Aleksander Zawada

Çizimler ve kapak tasarımı:
Aleksander Zawada

İnceleyen:
Łukasz Rajkowski

Çeviri:
Mustafa Çavuş, Özlem Kurt Çavuş

Web-sitesi:
https://betaandbit.github.io/RML_TR/

English version:
https://betaandbit.github.io/RML/

Veri ve tekrarlanabilir kod parçaları:
https://github.com/BetaAndBit/RML

Yayıncı:
Scientific Foundation SmarterPoland.pl

ISBN:
978-83-65291-15-8

1. Baskı
Varşova 2022

Tahmin modellerini sorumlu bir yaklaşımla nasıl kurabiliriz? Bu, farklı deneyim seviyelerindeki veri bilimciler tarafından bana sıklıkla sorulan bir sorudur. Görünüşte basit ama aynı zamanda zorlayıcı, çünkü ele alınması gereken farklı paydaşlara ait birkaç ortogonal konu ve bakış açısı var.

Model geliştiriciler, model eğitiminin otomasyonuna, performansının izlenmesine, hata ayıklamaya ve MLOps ile ilgili diğer konulara odaklanır. Tahmin modelleri kullanıcıları açıklanabilirlik, şeffaflık ve güvenlikle daha fazla ilgilenirken, adalet, önyargı, etik ise çoğunlukla toplumu ilgilendiren konulardır. Düzenleyiciler, özellikle büyük ölçekli etkileri olan model kullanımlarının sonuçları ile ilgilenmektedir.

Bu bakış açılarını dikkate alarak, Sorumlu Makine Öğrenmesi (RML) ile ilgili üç temel unsura odaklanıyoruz.

Algoritmalar - Genellikle, verideki karmaşık ilişkileri ortaya çıkarmak için gelişmiş ve esnek makine öğrenmesi algoritmaları kullanmanız gerekir. Ancak, nasıl çalıştıkları anlaşılmadan kullanılmamalıdır. Dolayısıyla sorumlu modelleme hakkında bir tartışma, karmaşık modellerin nasıl çalıştığı konusuna mutlaka değinmelidir.

Yazılım - Gelişmiş modellerin eğitimi, yoğun hesaplama gerektiren bir süreçtir. Verimli eğitime izin veren paketler, birer mühendislik harikasıdır. Profesyoneller iyi araçlar kullanır, bu nedenle sorumlu modellemeyle ilgili bir hikaye yazılırsa, mutlaka iyi yazılımla ilgili bir bölüm içermelidir.

Süreç - Tahmin modelleri kurmak yalnızca araçlarla ilgili değil, aynı zamanda planlama, lojistik, iletişim, teslim tarihleri ve hedeflerle de ilgilidir. Veri ve model keşfi süreci tekrarlı bir süreçtir, her tekrarda olduğu gibi, giderek daha iyi modellere ulaşırız. Araçları ne zaman ve nasıl kullanacağınızı bilmiyorsanız, yalnızca araçları kullanabilmek yeterli olmaz. Bu nedenle sorumlu modellemeden önce modelleme süreçlerin ele alınması gerekiyor.

Bu kitap, bahsedilen bu yönleri aynı anda bir araya getiren bir içeriğe sahiptir. İçeriği, bazı modern makine öğrenmesi yöntemlerini ve çalışma mekanizmalarından oluşmaktadır. Yöntemler, R dilinde[1] yazılmış örnek kodlarla desteklenmiştir. Beta ve Bit adlı iki karakterin maceralarını anlatan bir çizgi roman ile anlatım hikayeleştirilmiştir. Bu etkileşim, farklı bir model denemek, keşif için başka bir yöntem denemek, veya başka verileri aramak gibi analistlerin sıklıkla karşı karşıya kaldıkları, modeller nasıl karşılaştırılır veya nasıl doğrulanır gibi soruları ele alır.

[1] R Core Team. R: A Language and Environment for Statistical Computing. R Foundation for Statistical Computing, Vienna, Austria, 2021. URL https://www.R-project.org/

Model geliştirme sorumlu ve zorlu bir iştir, aynı zamanda heyecan verici bir maceradır. Bazen ders kitapları sadece teknik tarafa odaklanır ve tüm eğlenceyi kaybeder. Bu kitapta eğlenceli bir içerikle karşılaşacaksınız.

Przemysław Biecek
Varşova, 2021

Varşova'da bir yer.
MI DATA LAB
Varşova Teknoloji Üniversitesi'nde bir binada. MI2DataLab'ın gizli merkezi.
Bit, kendi kendine Tetris oynayan bir yapay zeka programlamaya dalmıştır.
ATARI
Zawada 2021

MESSAGE
MESSAGE
YOU
FROM : MR. MI2
TO : BETA AND BIT
SUBJECT : NEW TASK
BODY : TOP PRIORITY!
OUR FIELD AGENTS ARE OPERATING IN AN AREA WHERE THE SARS-COV-2
VIRUS HAS BEEN IDENTIFIED. WE URGENTLY NEED A MODEL TO ASSESS
THE RISK OF DEATH IN CASE OF INFECTION. WE NEED TO KNOW IN WHAT
ORDER THEY SHOULD BE VACCINATED.
YOU HAVE 6 HOURS!

Tahmin modelleri, insanlık tarihi kadar eskidir. Antik Mısır'da rahipler Nil Nehri'nin taşma zamanını ve güneş tutulmasının ne zaman gerçekleşeceğini tahmin etmişlerdir. İstatistik bilimindeki, erişilebilen veri setleri sayısının artması, hesaplama gücündeki ilerlemeler gibi gelişmeler ile birlikte tahmin modellerinin kullanım alanları hızla artmıştır.

Bugün ise tahmin modelleri neredeyse her alanda kullanılmaktadır. Büyük bir işletme için tedarik zincirinin planlanması, yemek ya da akşam için bir film önerisi ya da bir şehirdeki trafik sıkışıklığının tahmin edilmesi gibi örnekler verilebilir. Artık gazete sayfalarında bile daha fazla örnek görebilmemiz mümkündür.

Peki tahmin modelleri nasıl oluşturulur?

Bu bölümde, konsept aşamasından tasarım, eğitim, kontrol ve kullanım aşamasına kadar bir tahmin modelinin yaşam döngüsünü ele alacağız[2] Yazılım geliştirmede kullanılan çevik bir yaklaşımdan esinlenerek, makine öğrenmesi modellerini kurmak ve keşfetmek için çevik bir yaklaşım öneriyoruz[3]. Çevik makine öğrenmesinin temel ilkeleri, edinilen bilgilere sürekli adaptasyon, çözümün sürekli prototiplenmesi, dinamik planlama ve etkili iletişimdir.

[2] Şiddetli Covid hastalığı ilerleme riskini tahmin etmek için aslında gerçek veriler üzerine kurulmuş bir örnek kullanıyoruz. Ancak sunulan yaklaşım, çok geniş bir problem sınıfına uygulanabilir.

[3] Agile manifesto https://en.wikipedia.org/wiki/Agile_software_development

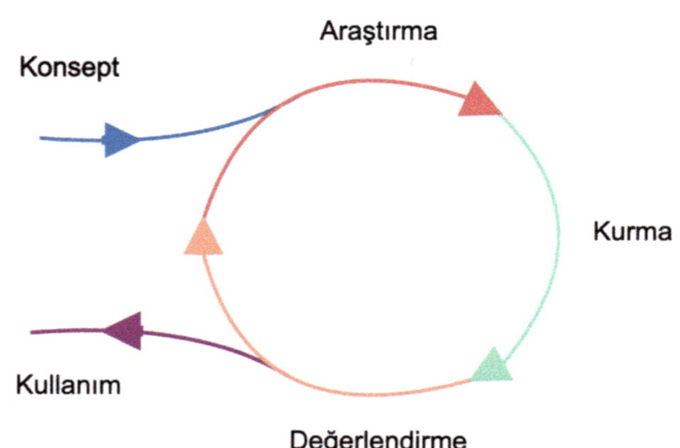

Şekil 1: Bir tahmin modeli geliştirmek, genellikle birçok yineleme adımı içerir. Bu kitapta, yineleme ile, giderek daha karmaşık modeller oluşturuluyor, diğer modellerle karşılaştırıyor ve çeşitli Açıklayıcı Model Analizi (EMA) tekniklerini kullanarak faydalı bilgiler çıkarıyoruz.

Sonraki iterasyonlar, literatürün, verinin ve modellerin araştırılması, yeni çözümlerin birleştirilmesi ve doğrulamadan oluşur. Ancak bu adımlara ek olarak, çözülmesi gereken problemin belirlendiği konsept aşamasını ve nihai modelin kullanıcılara teslim edildiği kullanım aşamasını da gösteriyoruz.

Model geliştirme ve doğrulamanın yaşam döngüsünü, bir ikili sınıflandırma modeli örneği üzerinde ele alıyoruz. Literatür bilgisine dayalı basit bir modelle başlıyoruz ve onu otomatik olarak ayarlanmış hiperparametrelerle bir rastgele orman modeline dönüştürüyoruz. Kullanılan modelleri ve elde edilen tahmin sonuçlarını yeniden elde edebilmek için gerekli kodlar verilmiştir.

Çok sayıda makine öğrenmesi ve açıklanabilir yapay zeka araçları olması nedeniyle tanımlamalara kısaca yer verilmiştir. Tahmin modelleri hakkında daha detaylı bilgi edinmek için The Introduction to Statistical Learning[4] kitabına göz atmanızı öneririz. Açıklayıcı model analizi ve açıklanabilir yapay zeka konularında daha detaylı bilgi edinmek isterseniz, Explanatory Model Analysis[5] kitabını tavsiye ediyoruz. Önerdiğimiz her iki kitaba elektronik ortamda ücretsiz olarak erişebilirsiniz.

[4] Gareth James, Daniela Witten, Trevor Hastie, and Robert Tibshirani. An Introduction to Statistical Learning: with Applications in R. Springer, 2013. URL https://www.statlearning.com/

[5] Przemyslaw Biecek and Tomasz Burzykowski. Explanatory Model Analysis. Chapman and Hall/CRC, New York, 2021. URL https://pbiecek.github.io/ema/

Bu kitapta sunulan modelleme yaklaşımında, Leo Breiman'ın Statistical modeling: the two cultures[6] adlı makalesinden esinlenilmiştir. Makalede, biri doğa yasalarını tanımlayan modeller oluşturmaya ve diğeri ise belirli bir özelliği tahmin etmenin etkinliğine odaklanan modelleri açıklamaya odaklanan iki modelleme yaklaşımı konu edilmiştir. Bu yaklaşımlar arasında, bilgiyi elde etmek için etkili modellerin kullanılabileceği bir köprü kurulabilir ve bilgi daha etkin bir modele dönüştürülebilir.

[6] Leo Breiman. Statistical modeling: the two cultures. Statistical Science, 16(3):199–231, 2001b

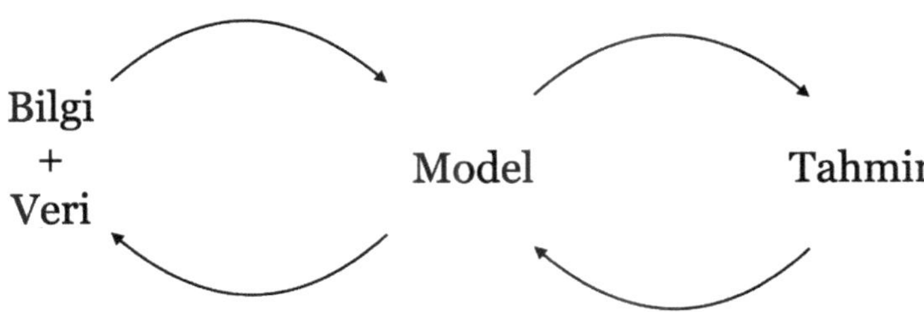

Şekil 2: Bu kitabın ilk bölümü, bilgi ve verinin bir modele ve ardından tahminlere dönüştürülmesine ayrılmıştır. İkinci bölümünde ise, tahminlerden nasıl bilgi edinildiğini, modelin nasıl çalıştığını ve tahmin modelinden etki alanı hakkında bilgilerin nasıl çıkarılacağını tartışılmıştır.

Breiman'ın bir başka önemli katkısı da Rashomon perspektifidir, yani bir olgunun çok farklı perspektiflerden analizi, bazen farklı sonuçlara yol açabilir. Bu kitapta, farklı tahmin modellerinin davranışlarını karşılaştırmak için bu teknik kullanılmıştır.

SARS-COV-2 uygulaması

Sorumlu tahmin modellerinin nasıl çalıştığını göstermek için, Polonya Ulusal Sağlık Enstitüsü işbirliğinde elde edilen Covid enfeksiyonu sonrası ölüm oranı verilerini kullandık. Koronavirüs hastalığına ilişkin verilerin olumsuz duygular uyandırabileceğinin farkındayız. Ancak, tahmin modellerinin toplumumuzu nasıl etkileyebileceğini gösteren ve veri analizinin zor, önemli ve güncel sorunları çözmemize nasıl yardımcı olduğunu açıklamak için çok iyi bir örnek olduğunu düşünüyoruz.

Bu kitapta verilen tüm sonuçlar, kitapta yer alan kodlar ve yönlendirmeler kullanılarak yeniden elde edilebilirler. Eğer kodları baştan yazmak istemezseniz, tüm örnekleri, veriyi ve kodları kitabın internet sayfasında bulabilirsiniz. Ancak şunu belirtmeliyiz ki, kitapta kullanılan veri gerçek hastaların bilgilerini içermez, gerçek veriler üzerinden yapay olarak üretilmiştir.

Burada kullanılan yöntem ölüm modellemesi üzerine olsa da, aynı yöntem hastaların hayatta kalma, ev fiyatlandırma ya da kredi skoru modellemek için de kullanılabilir.

Biyolog arkadaşıma soracağım
İnternette veri aramak için bir kod yazacağım.
Diğer hastalıklarla ilgili verileri araştıracağım.
Dünyadaki araştırmacılarla sohbet etmek için bir internet botu kullanacağım.
Bilimsel dergilere bir göz atacağım.
SCIENTIFIC AMERICAN
THE CORONAVIRUS PANDEMIC
ATARI
İnternet forumlarından veri kazıyacağım.

Ne bulduğuma bak!
Geniş ekranda bir bakalım.
Riski tahmin etmek için istatistikleri kullanabiliriz. Konu kapanmıştır!
Bekle bir saniye... Bu modelin ne kadar işe yarayacağını merak ediyorum.
1H

Modele merhaba deyin!

Tahmin modeli örneklerine göz atarken, modelin yaşam döngüsünün internet üzerinden elde edilen bir veriyle başladığı ve bağımsız bir veri kümesinde doğrulama ile sona erdiği konusunda yanlış bir izlenim olduğunu biliyorsunuzdur. Bu izlenim, konuyu gereğinden fazla basite indirgemektir

Birazdan göreceğiniz gibi, ham veri olmadan da bir model kurabiliriz.

Bir tahmin, modelinin yaşam döngüsü iyi tanımlanmış bir problem ile başlar. Bu örnekte, covid teşhisi konulan kişilerin ölüm riskini tahmin eden bir model kurmaya çalışıyoruz. Kimin ölüp, kimin hayatta kalacağı ile ilgilenmiyoruz. Bunun yerine, hastaları ölüm riskine göre sıralanabilmesine imkan sağlayacak bir skor hesaplamak istiyoruz. Neden buna ihtiyaç duyuyoruz? Çünkü bu skor ile daha yüksek ölüm riski taşıyan kişilere nabız oksimetresi kullanımı ya da aşı önceliği sağlanarak daha yüksek bir koruma sağlanabileceğini düşünüyoruz. Bu nedenle ilerleyen bölümlerde, Eğri Altındaki Alan (AUC) gibi puanların sıralanmasını değerlendiren model performans ölçütlerini kullanacağız. Siz de belirlenen probleme uygun bir model değerlendirme ölçütü seçebilirsiniz.

Çözmek istediğimiz problemi tanımladıktan sonra bir sonraki aşama olan mevcut tüm bilgilerin toplanmasına geçebiliriz. Genellikle sorunun çözümü, ister hazır bir fonksiyon olsun, ister örnek veriler şeklinde olsun, literatürde bulunabilir.

Eğer kullanıma hazır bir çözüm yok ve veri toplamamız gerekiyorsa, mutlaka hangi veriyi nereden topladığımıza ve kurduğumuz modelin, veriyi temsil eden[7] bir örneklem üzerine kurulmuş olmasına özen göstermeliyiz. Veriyi iyi temsil eden bir örneklem, bu kitabın konusu değildir. Ancak şunu belirtmeliyiz ki, doğru bir şekilde toplanmamış veri, tespit edilmesi ve düzeltilmesi zor bir yanlılık oluşturacaktır.

Bir tahmin modelini, belirli girdi değişkenlere karşılık olarak bir değerin tahmini hesaplayan fonksiyon olarak düşünebiliriz. Bu fonksiyon veriye bağlı olarak oluşur. Fakat teknik olarak, bir model herhangi bir şekilde tanımlanmış bir fonksiyon olabilir.

İlk modelimiz Hastalık Kontrol ve Önleme Merkezi (CDC)[8]'nde toplanan istatistiklere dayalı olacaktır. Evet, bazen bir model kurmak için ham veriye ihtiyaç duymayız. Burada da ölüm istatistikleri içeren bir tabloyu, bir modele dönüştürerek başlıyoruz.

[7] Çalışmamızda, 2020 yılı Mart ve Ağustos ayları arasında Sağlık Müfettişliği tarafından ulaşılan hastalara ait verileri kullandık. Bu şekilde toplanan verilerin yanlı olmadığı görünüyor, ancak bazı yanlılıkları tespit edebildik. Özellikle nisan ayında pandemi, genç erkekler olma olasılığı daha yüksek olan kömür madeni işçileri arasında daha hızlı yayıldı ve bu da ölüm oranlarındaki dalgalanmaları etkilemiş olabilir.

[8] https://www.cdc.gov/

	0—4 years old	5—17 years old	18—29 years old	30—39 years old	40—49 years old	50—64 years old	65—74 years old	75—84 years old	85+ years old
Cases[2]	<1x	Reference group	2x	2x	2x	2x	1x	1x	2x
Hospitalization[3]	2x	Reference group	6x	10x	15x	25x	40x	65x	95x
Death[4]	2x	Reference group	10x	45x	130x	440x	1300x	3200x	8700x

Şekil 3: CDC web sitesinden alınan ölüm istatistikleri `https://tinyurl.com/CDCmortality` Mayıs 2021 tarihinde erişim sağlanmıştır. Bu tablo, 5-17 yaşındakiler grubuna kıyasla oranları göstermektedir (diğer yaş gruplarına kıyasla en büyük kümülatif COVID-19 vakası sayısı bu grupta gözlendiği için referans grubu olarak seçilmiştir).

R kodları

Bir tahmin modeli, p sayıda değişken içeren $n \times p$ boyutlu bir matrisi, n sayıda tahmin değeriden oluşan bir vektöre dönüştüren fonksiyondur. Diğer örnekler için, CDC web sayfasından toplanan istatistiklere dayalı olarak farklı yaş grupları[9] için Covid kaynaklı ölüm riskini hesaplayan aşağıdaki fonksiyon tanımlanmıştır.

```
cdc_risk <- function(x, base_risk = 0.00003) {
  rratio <- rep(7900, nrow(x))
  rratio[which(x$Age < 84.5)] <- 2800
  rratio[which(x$Age < 74.5)] <- 1100
  rratio[which(x$Age < 64.5)] <- 400
  rratio[which(x$Age < 49.5)] <- 130
  rratio[which(x$Age < 39.5)] <- 45
  rratio[which(x$Age < 29.5)] <- 15
  rratio[which(x$Age < 17.5)] <- 1
  rratio[which(x$Age < 4.5)]  <- 2
  rratio * base_risk
}
steve <- data.frame(Age = 25, Diabetes = "Yes")
cdc_risk(steve)
## [1] 0.00045
```

Tahmin modelleri farklı yapıda olabilirler. Bir çok model ile sorumlu bir şekilde çalışmak için, tek bir standartlaştırılmış bir arayüze ihtiyaç vardır. Bu kitapta, `DALEX` paketinde[10] yer alan yapıyı kullanıyoruz.

Bu paketteki `explain` fonksiyonu bir explainer[11] oluşturur, yani model için farklı yapılardaki nesnelerle standart bir şekilde çalışabilmemizi sağlayacak bir sarmalayıcı (wrapper) fonksiyon oluşturur. İlk argüman herhangi bir nesne tipinde bir modeldir. İkinci argüman ise tahmin vektörünü hesaplayan bir fonksiyondur. `DALEX` paketi genellikle belirli bir model için hangi işlevin gerekli olduğunu tahmin edebilir, ancak bu kitapta, sarmalayıcı fonksiyonun nasıl çalıştığına dikkat çekmek için bunu açıkça gösteriyoruz. `type` argümanı model tipini, `label` ise grafiğin ismini belirtir.

```
library("DALEX")
model_cdc <- DALEX::explain(cdc_risk,
                predict_function = function(m, x) m(x),
                type = "classification",
                label = "CDC")
predict(model_cdc, steve)
## [1] 0.00045
```

`explain` fonksiyonunu kullanmak şu anda gereksiz gibi görülebilir, ancak sonraki sayfalarda işimizi nasıl kolaylaştırdığını göreceğiz.

`explainer` gibi yapılandırılmış bir nesneyi kullanmanın en büyük avantajı, modelin iç yapısından bağımsız yapısıdır.

[9] Tablo 3'te referans grubu için herhangi bir risk yoktur. Yalnızca göreceli risklerin sıralamasıyla ilgileniyorsak, bunun bir önemi yoktur. Ancak, tahminlerin yorumlanmasını kolaylaştırmak için referans grubu, 0,003% olan Polonya verilerinde belirlenen nispi riski kullanıyoruz.

[10] Przemyslaw Biecek. DALEX: Explainers for Complex Predictive Models in R. Journal of Machine Learning Research, 19(84):1–5, 2018. URL `https://jmlr.org/papers/v19/18-416.html`

[11] Explainer, bir modeli kapsayan ve işlemler için tekil bir yapı ve arayüz oluşturan bir nesne/bağdaştırıcıdır.

Buldum! Ulusal Sağlık Enstitüsü'ndeki arkadaşlarımdan modeli doğrulayabilmek için veri bulabilirim.
Sadece birkaç telefon görüşmesi ve tamamdır.
PAŃSTWOWY ZAKŁAD HIGIENY
Merhaba Bit! İşine yarayacak bir şeyler bulacağız.
DATA
DOWNLOADING
Telefonumda az önce gönderdiğiniz iki veri tabanını görüyorum.
Lütfen aramızda kalsın, bunu kimse duymamalı!

2020 bahar ve 2021 yaz aylarında 10.000 covid-19 hastasının epidemiyolojik görüşmesine ait veritabanlarını aldım.
Gerçekten mi? Harika!
Bu tür verilerin nasıl toplandığını biliyor musunuz? Oldukça karmaşık ve çok aşamalı bir süreç.
Steve baş ağrısından şikayetçi
... Öksürük de var
Lütfen Covid-19 testi yaptırın.
Aaa ...
Ne yazık ki test sonucu pozitif.
Laboratuvarda.
COVID-19
Merhaba. Sağlık Enstitüsü'nden arıyorum. Steve'in test sonucu pozitif, kendisine bazı sorularımız var, yanıtlarını almamız gerekiyor.
COVID -19
TEST
POSITIVE
Steve: Erkek
Yaş: 40
Hastalıkları: Yok
DATABASE

Açıklayıcı Veri Analizi (EDA)

Model kurmak için iyi bir veriye ihtiyaç duyarız. Makine öğrenmesinde, iyi kelimesinin anlamı anakütleyi iyi temsil etmektir. Ancak, iyi veriyi toplamak ne kolay ne de düşük maliyetlidir. Hatta sıklıkla iyi tasarlanmış bir deney yapılması gerekir.

Gerekli veriyi toplamak için en iyi yol, bir çalışma tasarlamak ve gerçekleştirmektir. Bazen farklı bir amaç için yapılmış çalışmalarda toplanan verileri kullanarak model kurabiliriz. Bu kitapta epidemiyolojik görüşmeler yoluyla toplanan verileri[12] kullanacağız. Görüşülen hasta sayısı yüksek olduğu için verilerin iyi bir temsili örneklem olduğunu düşünüyoruz, ancak veriler yalnızca SARS-COV-2 için pozitif test sonucu olan semptomatik hastalardan toplanmıştır. Asemptomatik vakaların genç yetişkinlerde görülme ihtimalinin daha yüksektir.

[12] Lütfen verilerin epidemiyolojik amaçlarla toplanan gerçek veriler olmadığını, gerçek verilerdeki yapı ve ilişkileri koruyan yapay olarak oluşturulmuş veriler olduğunu unutmayın.

Veriler, `covid_spring` ve `covid_summer` ismiyle ikiye bölünmüştür. İlk veri seti 2020 yılı bahar mevsiminde toplanmış ve eğitim verisi olarak kullanılacaktır. İkinci veri seti ise aynı yılın yaz aylarında toplanmış ve doğrulama için kullanılacaktır. Makine öğrenmesinde model doğrulama, doğrulama verileri adı verilen ayrı bir veri seti üzerinde gerçekleştirilir. Modelin eğitim verileri üzerinde aşırı öğrenme (over-fitting) riskini kontrol etmek için uygulanır. Ayrı bir veri seti yoksa, çapraz doğrulama veya benzeri veri bölme teknikleri kullanılarak oluşturulabilir.

R kodları

R, açıklayıcı veri analizi için bir çok farklı araç sunar. „R for Data Science"[13] kitabında farklı araçları görebilirsiniz, ancak çok daha fazla seçenek olduğunu bilmelisiniz. Burada yalnızca üç örneği ele alacağız. Verileri yükleyerek başlayalım.

[13] Hadley Wickham and Garrett Grolemund. R for Data Science: Import, Tidy, Transform, Visualize, and Model Data. O'Reilly Media, Inc., 2017

```
covid_spring <- read.table("covid_spring.csv",
                           sep =";", header = TRUE)
covid_summer <- read.table("covid_summer.csv",
                           sep =";", header = TRUE)
```

Yaş (Age) dağılımını görselleştirmek için `ggplot2` paketini, `Diabetes` değişkenini mozaik grafiğiyle görselleştirmek için ise `ggmosaic` paketini kullanıyoruz. Çizilen grafikler görsel olarak düzenlediği için standart çizimlerden farklı göründüklerine dikkat ediniz.

```
# See Figure 4
library("ggplot2")
ggplot(covid_spring) +
    geom_histogram(aes(Age, fill = Death))
# See Figure 5
library("ggmosaic")
ggplot(data = covid_spring) +
     geom_mosaic(aes(x=product(Diabetes), fill = Death))
```

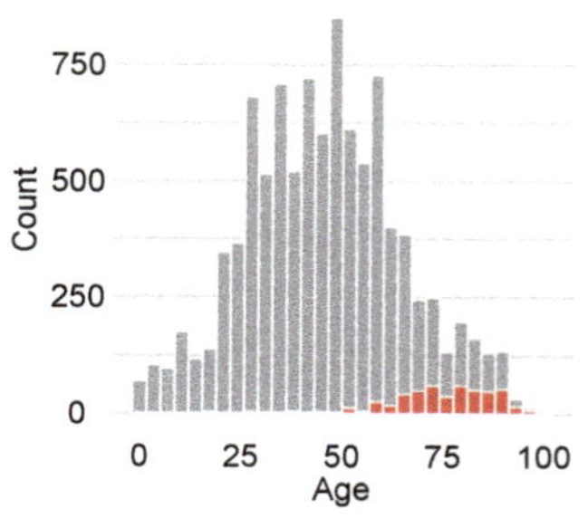

Şekil 4: Hayatta kalan (survivor) kişilerin Yaş (Age) dağılımı.

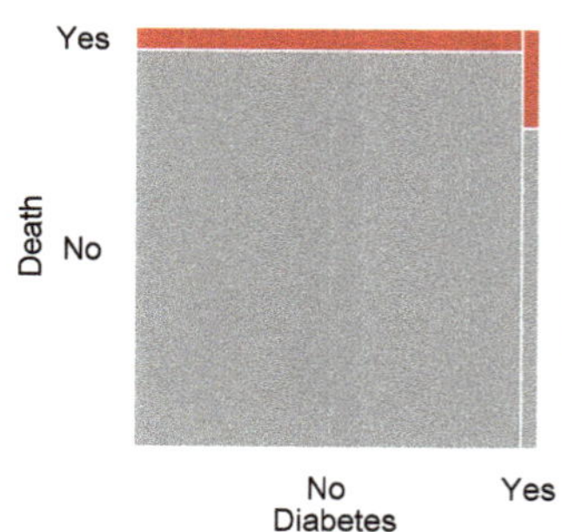

Şekil 5: Mozaik grafiği, diyabetli kişi sayısının az olduğunu, ancak bu kişilerin ölüm oranının daha yüksek olduğunu gösteriyor.

Tablo verileri çalışmalarda genellikle „Tablo 1" adı verilen tabloda özetlenir. Bu klasikleşmiş tablo, her bir değişkenin ana özelliklerinin bir özetidir (burada, Covid nedeniyle ölüm bilgisini içeren iki değer alan bir değişken). Tablo 1 ismi, verilerin özetinin birçok bilimsel çalışmada yer verilen ilk tablo olmasından gelir.

```
library("tableone")
CreateTableOne(vars = colnames(covid_spring)[1:10], data = covid_spring,
                    strata = "Death")
#                                    Stratified by Death
#                                     No            Yes
#  n                                  9487           513
#  Gender = Male (%)                  4554 (48.0)    271 (52.8) 0.037
#  Age (mean (SD))                   44.19 (18.32) 74.44 (13.2) <0.001
#  CardiovascularDiseases = Yes (%)    839 ( 8.8)    273 (53.2) <0.001
#  Diabetes = Yes (%)                  260 ( 2.7)     78 (15.2) <0.001
#  Neurological.Diseases = Yes (%)     127 ( 1.3)     57 (11.1) <0.001
#  Kidney.Diseases = Yes (%)           111 ( 1.2)     62 (12.1) <0.001
#  Cancer = Yes (%)                    158 ( 1.7)     68 (13.3) <0.001
#  Hospitalization = Yes (%)          2344 (24.7)    481 (93.8) <0.001
#  Fever = Yes (%)                    3314 (34.9)    335 (65.3) <0.001
#  Cough = Yes (%)                    3062 (32.3)    253 (49.3) <0.001
```

Tahmin modeli kurarken dikkat edilmesi gereken noktalardan biri geleceği koşullandırmamaktır!. Yani sadece tahmin yapılan zaman aralığında gözlenebilecek değişkenler kullanılmasıdır. `Hospitalization`, `Fever` ya da `Cough` değişkenleri, enfeksiyondan önce gözlenemeyeceğinden iyi birer tahminci değildirler, bu nedenle iki veri kümesinden de çıkarıyoruz.

```
selected_vars <- c("Gender", "Age", "Cardiovascular.Diseases", "Diabetes",
                   "Neurological.Diseases", "Kidney.Diseases", "Cancer",
                   "Death")
covid_spring <- covid_spring[,selected_vars]
covid_summer <- covid_summer[,selected_vars]
```

Veriyi keşfetme ve temizleme, veri analizinde en uzun süren adımlardır. Burada sadece veriyi keşfetmeye odaklanıyoruz, ve henüz ilk adımda `Age` değişkeninin önemli bir değişken olduğunu görüyoruz (bunu ilerleyen bölümlerde detaylandıracağız). Hastalık öncesinde bilgi edinilemeyen değişkenleri çıkaralım (hospitalization status gibi). Yalnızca `selected_vars` vektöründe yer alan değişkenleri kullanarak model kuralım.

Gender	Age	Cardiovascular Diseases	Diabetes	Neurological Diseases	Kidney Diseases	Cancer	Hospitalization	Fever	Cough	Weakness	Death
Male	29	No	No	No	No	No	No	No	No	No	No
Male	50	No	No	No	No	No	No	Yes	Yes	Yes	No
Male	39	No	No	No	No	No	No	No	No	No	No
Male	40	No	No	No	No	No	No	No	No	No	No
Male	53	No	No	No	No	No	No	Yes	Yes	Yes	No
Female	36	No	No	No	No	No	No	No	No	No	No
Female	56	No	No	No	No	No	No	Yes	Yes	No	No
Male	20	No	No	No	No	No	No	No	No	No	No
Female	59	No	No	No	No	No	No	No	No	No	No
Female	24	No	No	No	No	No	No	No	No	No	No
Male	43	No	No	No	No	No	No	No	No	No	No
Male	60	No	No	No	No	No	No	No	Yes	Yes	No
Female	12	No	No	No	No	No	No	No	No	No	No
Female	55	Yes	No	No	No	No	No	Yes	Yes	Yes	No
Female	53	No	No	No	No	No	No	Yes	Yes	Yes	No
Male	46	No	No	No	No	No	No	No	No	No	No
Female	81	Yes	No	No	Yes	No	Yes	Yes	Yes	No	
Female	59	No	No	No	No	No	Yes	No	Yes	No	
Female	51	No	No	No	No	No	Yes	No	No	No	

Çok fazla veri,
çok fazla değişkenler
arası etkileşim var...
Coffee
Tea
60 5 10 15 20 25 30 35 40 45 50 55
30 10 20
Yes No
Yes No
No
No
No No

Model Performansı

Problem türüne ve tahmin değerlerinin dağılımına bağlı olarak, farklı model performans ölçüleri kullanılabilir. Bu konu ile ilgili detaylı bilgi için "Explanatory Model Analysis" kitabına göz atabilirsiniz.

Nicel bir değişkenin değeri tahmin edilen regresyon problemlerinde, hata değerlerinin normal dağıldığında yaygın olarak kullanılan performans ölçüleri ortalama hata kare[14] ve ortalama hata kareköküdür[15].

[14] Eğer $f : \mathcal{R}^p \to \mathcal{R}$, x_i gözlemlerini kullanarak y_i değerlerini tahmin etmek için kullanılan bir fonksiyon ise, $MSE = \frac{1}{n}\sum_i^n (f(x_i) - y_i)^2$

[15] $RMSE = \sqrt{MSE}$

İkili sınıflandırma probleminde sonuçlar, Doğru Pozitif, Doğru Negatif, Yanlış Pozitif ve Yanlış Negatif değerleri ile, 2×2 boyutlu karmaşıklık matrisi olarak adlandırılan bir matriste özetlenir. Pozitif terimi, testin sonucunun hamilelik olduğu anlamına gelirken, Negatif, hamilelik olmadığı anlamına gelir. Doğru ve Yanlış, test sonucunun doğru olup olmadığını gösterir. Aşağıda hamilelik için basit bir "sabah bulantısı"testine ilişkin sonuçları özetleyen bir karmaşıklık matrisi örneği verilmiştir.

Tablo 1: Sabah saatlerindeki mide bulantısı, doğru bir hamilelik göstergesi midir? Bu tablo GetTheDiagnosis verilerine `http://getthediagnosis.org/diagnosis/Pregnancy.htm` dayanmaktadır. Örneğin, `FN = 61`, 100 hamile kadından 61'i için testin aksini önerdiği anlamına gelir. Örnek performans ölçüleri son satırda ve sütunda gösterilmektedir.

Sabah bulantısı / hamilelik	Hamile	Hamile değil	
Hasta	DP = 39	YP = 150	PTD = Kesinlik = 20.6%
Hasta değil	YN = 61	DN = 850	NTD = 93.3%
	Duyarlılık = Hassasiyet = 39%	Özgüllük = 85%	F1 = 33.8%

Karmaşıklık matrisi için, en sık kullanılan performans ölçütleri Doğruluk[16], Duyarlılık[17], Özgüllük[18], Kesinlik[19], Hassasiyet[20], F1 Puanı[21], Pozitif Tahmin Edilen Değer[22] ve Negatif Tahmin Edilen Değerdir[23].

[16] $Doğ = (DP + DN)/n$

[17] $Duy = TP/(TP + FN)$

[18] $Özg = DP/(DP + YN)$

[19] $Doğ = DP/(DP + YP)$

[20] $Has = DP/(DP + YN)$

[21] $F1 = 2\frac{Doğ * Has}{Doğ + Has}$

[22] $PTD = DP/(DP + YP)$

[23] $NTD = DN/(DN + YN)$

Covid ölüm riski değerlendirme probleminde, sağ kalım/ölüm şeklindeki bir ikili tahminle değil, risk skorlarının sıralaması ile ilgilendiğimizi unutmayınız. Bu tür problemler için karmaşıklık matrisi yerine Alıcı Çalışma Karakteristikleri (ROC) eğrisi kullanılır. Şekil 6'da ROC eğrisinin nasıl oluştuğu görülmektedir.

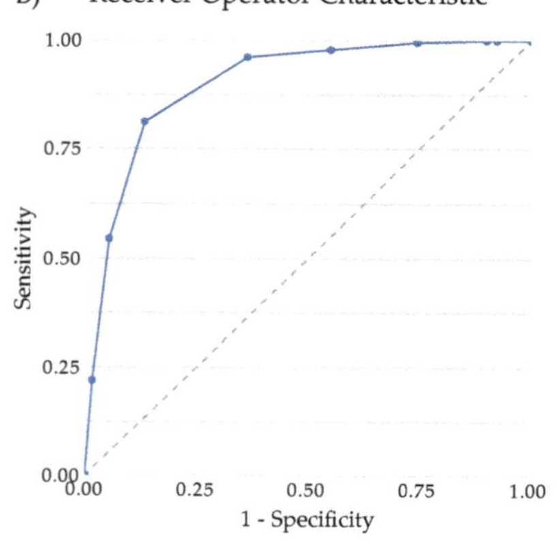

Şekil 6: Panel A, hayatta kalma durumuna göre bölünmüş test verileri için CDC modelinden elde edilen puanların dağılımını gösterir. Farklı aralıklar alarak, bu tür sayısal puanlar ikili kararlara dönüştürülebilir. Böyle bir bölünmenin her biri için Duyarlılık ve 1-Özgüllük hesaplanabilir ve bir grafik çizilebilir. CDC modeli yalnızca dokuz farklı değer döndürür, bu da on farklı aralığın dikkate alınmasını mantıklı kılar.

Panel B, farklı aralıklara karşılık gelen bu 10 noktayı gösterir. ROC eğrisi, bu noktaları birleştiren parçalı çizgidir ve AUC, bu eğrinin altındaki alandır. AUC, 0'dan 1'e kadar değerler alır; burada 1 değeri mükemmel sıralamayı, 0.5 değeri ise tamamen rastgele bir sıralama olduğunu gösterir.

R kodları

Tahmin modellerini değerlendirmek için bir çok ölçü var ve R paketleri ile kolayca hesaplanabilirler (ROCR, measures, mlr3measures). Burada kolaylık olması için sadece DALEX paketinde yer alan model performans ölçülerini kullanacağız.

Öncelikle, doğrulama veri setiyle (covid_summer) ve karşılık gelen yanıt değişkeniyle bir explainer nesnesi oluşturmamız gerekiyor.

```
model_cdc <-  DALEX::explain(cdc_risk,
                   predict_function = function(m, x) m(x),
                   data  = covid_summer,
                   y     = covid_summer$Death == "Yes",
                   type  = "classification",
                   label = "CDC")
```

Model keşfi, model performansının değerlendirilmesiyle başlar. DALEX::model_performance fonksiyonu, belirli bir problem türü için bir dizi ölçü hesaplar.

```
mp_cdc <- model_performance(model_cdc, cutoff = 0.1)
mp_cdc

# Measures for:  classification
# recall     : 0.2188841
# precision  : 0.2602041
# f1         : 0.2377622
# accuracy   : 0.9673
# auc        : 0.906654
#
# Residuals:
#        0%      10%      20%       30%      40%      50%
# -0.23700 -0.03300 -0.01200  -0.01200 -0.00390 -0.00390
#       60%      70%      80%       90%     100%
# -0.00135 -0.00135 -0.00045  -0.00006  0.99955
```

Not: Model, explainer ile verilen veri seti üzerinden değerlendirilir. Başka bir veri kümesi kullanmak için DALEX::update_data() fonksiyonu kullanılabilir, örneğin covid_spring eğitim veri seti ile.

```
model_cdc <-  update_data(model_cdc,
                   data  = covid_spring,
                   y     = covid_spring == "Yes")
```

Not: explainer, modelin sınıflandırma veya regresyon problemi için eğitilip eğitilmediğini tespit eder ve problem türüne bağlı olarak doğru performans ölçütlerini otomatik olarak seçer. İstenilirse explainer fonksiyonundaki ilgili argüman ile bu özellik devre dışı bırakılabilir.

Klasik bir S3 tipi fonksiyon olan plot, model performansının özetini görselleştirmek için kullanılır. geom argümanı kullanılarak grafik türü değiştirilebilir.

```
plot(mp_cdc, geom = "roc")
plot(mp_cdc, geom = "lift")
```

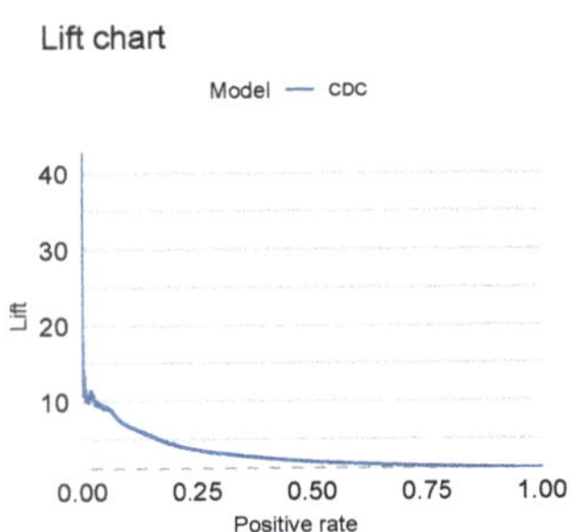

Şekil 7: LIFT eğrisi, kredi riski puanlamasında, puanların kalitesini özetlemede kullanılan birçok grafikten biridir. X ekseni, atanan kredilerin oranını, Y ekseni ise test edilen modelin hassasiyetinin rastgele modelin hassasiyetine oranını gösterir.

En önemli değişkenler, öksürük ve ateş semptomlarıyla ilişkili.
Ölüm olasılığı, yaşla güçlü bir şekilde ilişkili. CDC modeli iyi görünüyor.

Değişkenleri mantıklı bir şekilde seçmelisin, AUC=0.906654 değeri seçiminin oldukça iyi olduğunu gösteriyor.
Stratified by Death
No Yes
n 9487 513
Gender = Male (%) 4554 (48.0) 271 (52.8)
Age (mean (SD)) 44.19 (18.32) 74.44 (13.27)
Cardiovascular.Diseases = Yes (%) 839 (8.8) 273 (53.2)
Diabetes = Yes (%) 260 (2.7) 78 (15.2)
Neurological.Diseases = Yes (%) 127 (1.3) 57 (11.1)
Kidney.Diseases = Yes (%) 111 (1.2) 62 (12.1)
Cancer = Yes (%) 158 (1.7) 68 (13.3)
Hospitalization = Yes (%) 2344 (24.7) 481 (93.8)
Fever = Yes (%) 3314 (34.9) 335 (65.3)
Cough = Yes (%) 3062 (32.3) 253 (49.3)
Weakness = Yes (%) 2282 (24.1) 196 (38.2)
Receiver Operator C
Model — CDC
True positive rate
False positive rate
Mükemmel! Sonunda bulduk.
Hala zamanımız var, biliyor musun? Veriler bizi bekliyor...

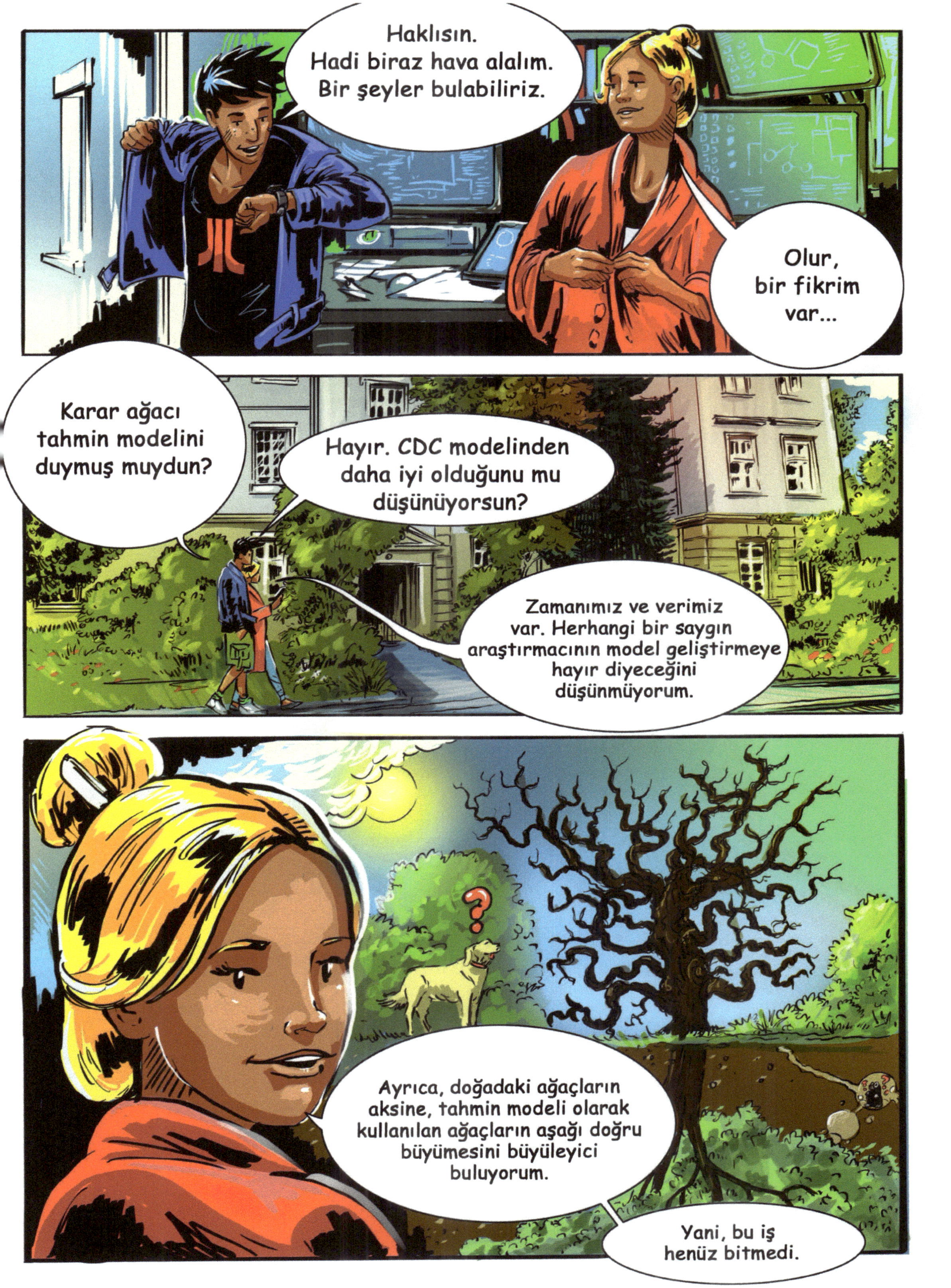

Ayrıca, doğadaki ağaçların aksine, tahmin modeli olarak kullanılan ağaçların aşağı doğru büyümesini büyüleyici buluyorum.

Yani, bu iş henüz bitmedi.

Karar ağacı eğitmek

Deneyimli bir veri bilimcinin, makine öğrenmesi modellerini eğitmek için kullanabileceği çok sayıda yöntem vardır. En bilinenlerinden biri, ilk olarak Classification And Regression Trees[24] kitabında bahsedilen ve CART olarak adlandırılan ağaç tabanlı algoritmalardır. Bu bölümde bu algoritma sınıfını genel bir şekilde ele alacağız.

[24] L. Breiman, J. H. Friedman, R. A. Olshen, and C. J. Stone. Classification and Regression Trees. Wadsworth and Brooks, Monterey, CA, 1984

1. Bütün verilerin yer aldığı bir düğümle (kök) başlayın.
2. Bu düğümdeki veriler için potansiyel bir bölünme bulun. Bunun için, her bir değişkeni, olası her sınırı (sürekli bir değişken için) veya bir düzey alt kümesini (kategorik bir değişken için) göz önünde bulundurun. Ayırma ölçüsünü en üst düzeye çıkaran bölünmeyi seçin.
3. Düğüm saflığındaki minimum kazanç veya ağacın derinliği gibi bir durdurma kriteri belirleyin ve bu kritere göre düğümün durumunu kontrol edin. Durdurma kriteri sağlanırsa, durun. Aksi takdirde, mevcut düğümü iki alt düğüme bölün ve her alt düğüm için 2. adıma dönün.

Burada iki önemli seçim var. Birincisi ayrım ölçüsüdür. Veri kümesi için Age değişkeninin gruplarını göz önünde bulundurarak bunu gösteriyoruz. Dört grup olarak değişkeni ele alalım.

Tablo 2: Enfeksiyondan sonra hayatta kalan veya ölen hasta sayısı. Veriler dört ayrı yaş grubuna için covid_spring verileri kullanılarak hesaplanmıştır.

Age group / Status	⩽30	31-50	51-70	>70	Toplam
Survived	2250	3716	2760	729	9487
Died	6	17	153	337	513
Toplam	2256	3733	2913	1066	10000

30, 50 ve 70 olmak üzere üç bölüme ayırıyoruz. Her bölüm için, ölüm ve hayatta kalma olasılığını hesaplıyoruz. Daha sonra ortaya çıkan düğümlerin her birinin saflığı[25] hesaplanır. Aşağıdaki örnekte Gini indeksi kullanılmıştır, ancak entropi veya istatistiksel testler de yaygın olarak kullanılmaktadır. Nihai bölünmüş saflık, her bir düğümdeki gözlem sayısı dikkate alınarak ağırlıklı düğüm saflığı olarak hesaplanır. Değer ne kadar küçükse o kadar iyidir. Aşağıda > 70 için en iyi saflığı elde ediyoruz.

$$H = -\sum_c p_c \log_2 p_c,$$

[25] p_c olasılığına sahip kategorik bir rastgele değişkenin c sınıfı için entropi şu şekilde tanımlanır:
$H = -\sum_c p_c \log_2 p_c$,
burada Gini safsızlığı aşağıdaki gibidir:
$G = 1 - \sum_c p_c^2$.
Örneğimizdeki kök düğüm için Gini safsızlığı 0.0973'tür.

Tablo 3: Age değişkeninin üç olası bölünmesini ele alalım, ardından adım adım her sınıfın olasılıklarını, her bir düğümün saflığını ve bölünmenin ağırlıklı saflığını hesaplayalım. En iyi bölünme 70 yaş içindir, ancak hem genç hem de daha büyük yaş grupları için saflık, diğer ayırmalara göre daha kötüdür. Düğümlerin boyutunu tanımlayan ağırlıkların bu örnekte çok önemli olduğu kanıtlanmıştır.

Possible split	30		50		70	
$node_i$	⩽	>	⩽	>	⩽	>
$p_{i,Died}$	0.0027	0.066	0.0038	0.123	0.0198	0.316
$p_{i,Surv}$	0.9973	0.934	0.9962	0.877	0.9802	0.684
$G_i = 1 - p_{i,Died}^2 - p_{i,Surv}^2$	0.0053	0.1228	0.00765	0.216	0.0388	0.4324
node weight w_i	0.2263	0.7737	0. 6008	0.3992	0.8931	0.1070
$w_{\leqslant} G_{\leqslant} + w_{>} G_{>}$	0.0962		0.0908		0.0809	

Bir karar ağacı eğitmek için ikinci aşama, durdurma kriterinin seçimidir. Her bölünme, sonraki düğümlerin saflığını arttırır, bu nedenle ağaç ne kadar derinse, yaprakların saflığı da o kadar yüksek olur. Bu nedenle, büyük (derin) ağaçlar verilerden daha fazla ilişki çıkarır, ancak bazıları tesadüfi olabilir, bu da test/doğrulama verilerinde yanlış genellemelere ve kötü tahmin sonuçlarına neden olabilir.

R kodları

R' da karar ağaçlarını eğitmek için kullanılan birçok paket vardır. Aşağıda verilen kodlarda, regresyon, sınıflandırma ve sağkalım modelleri kurmak için kullanılabildiği ve ayrıca iyi görselleştirme araçlarına sahip olduğu için `partykit`[26] paketi kullanılmıştır.

Bir ağacı eğitmek için `ctree` fonksiyonunu kullanabiliriz. Bu fonksiyonun ilk argümanı, hedef değişkeni, ve açıklayıcı değişkenleri gösteren bir formüldür[27] İkinci argüman ise eğitim verilerini belirtmek için kullanılır. `control` argümanı, düğüm bölme kriterleri, maksimum ağaç derinliği veya maksimum düğüm boyutu gibi ek parametreleri belirtir.

[26] Torsten Hothorn and Achim Zeileis. partykit: A modular toolkit for recursive partytioning in R. Journal of Machine Learning Research, 16:3905–3909, 2015

[27] Bu pakette, bir bölünmeyi değerlendirmek için istatistiksel testler kullanılır. Aşağıdaki örnekte, `alpha = 0.0001` değeri, χ^2 bağımsızlık testi için p değeri 0.0001'ın altında olduğu sürece düğümlerin bölüneceği anlamına gelir.

```
library("partykit")
tree <- ctree(Death ~., covid_spring,
              control = ctree_control(alpha = 0.0001
))
plot(tree)
```

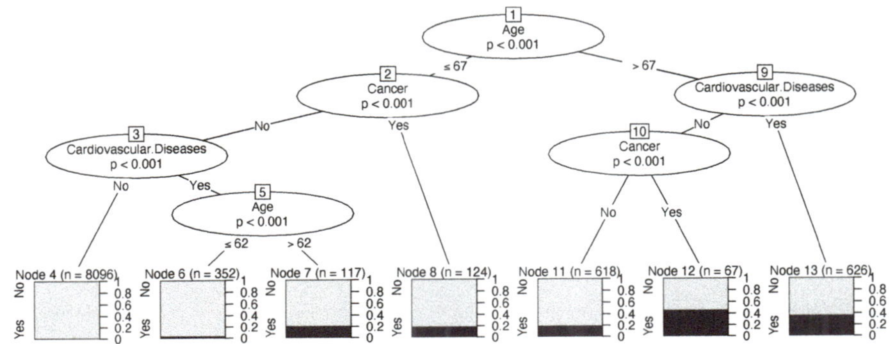

Şekil 8: Ağaçtaki ilk bölünme Age değişkeninde gerçekleşmiştir. Hastalar 67 yaşından küçük (solda) ve 67 yaşından büyük (sağda) olarak ikiye ayrılmıştır. Aynı şekilde, diğer bölünmeleri de görebilirsiniz. Bölünme yedi yapraklı bir ağaçla sonuçlanmıştır. Yapraklar, o yaprağa ulaşan hasta sayısı ve her sınıfın oranı hakkında bilgileri içermektedir.

`explain` fonksiyonu, modeli açıklamak için bir nesne oluşturur. `predict_function` fonksiyonunun CDC modeli için farklı sonuçlar verdiğine dikkat ediniz, çünkü bu fonksiyon `party` paketine özel oluşturulmuştur. Diğer argümanlar ise test setini, model tipi ve etiketi belirlemek için kullanılır.

```
model_tree <- DALEX::explain(tree,
           predict_function = function(m, x)
           predict(m, x, type = "prob")[,2],
           data = covid_summer,
           y = covid_summer$Death == "Yes",
           type = "classification", label = "Tree")
```

explainer nesnesini hazırlandıktan sonra modelin performansını ölçebiliriz. Hem eğitim hem de validasyon kümelerinde modelin performansının, CDC modelinin performansından daha iyi olduğu görülüyor.

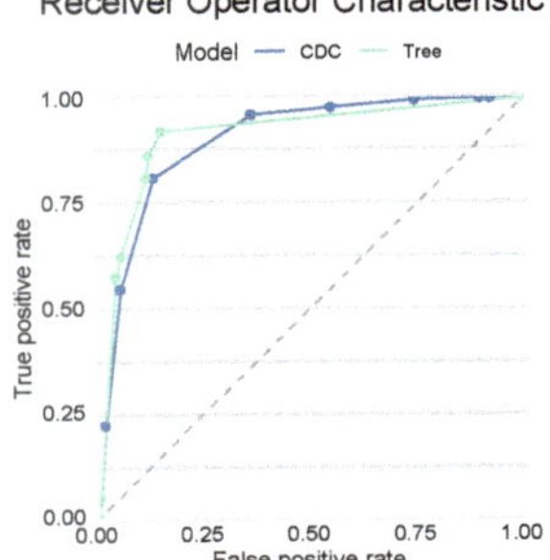

Şekil 9: CDC ve ağaç modeli için ROC eğrileri. Ağaç modeli ortalama olarak daha iyi tahminlere sahiptir.

```
(mp_tree <- model_performance(model_tree, cutoff = 0.1))
# Measures for:  classification
# recall       : 0.8626609
# precision    : 0.1492205
# f1           : 0.2544304
# accuracy     : 0.8822
# auc          : 0.9136169
# See Figure 9
plot(mp_tree, mp_cdc, geom="roc")
```

İşte, kurduğumuz ağaç modeli.
PRINTING
Fena değil. Model yaş ve hastalıklar değişkenlerini kullanmış. 7 risk grubumuz var.
Karar ağacının veri üzerindeki performansı daha iyi.
Receiver Operator Characteristic
AUC = 0.9136160 değeri, CDC modelindekinden daha yüksek.
Gördün mü, sadece bir saatte bu işi çözdük!
1H

Biraz bekle.
İyi bir model kurduk,
belki daha iyisini
kurabiliriz.
Leo Breiman
A distinguished
statistician.
(University of California)
1928-2005
Rastgele orman
modelleri hakkında
bir şeyler okumuştum.
Veri analizi için
Leo Breiman tarafından
geliştirilen harika
bir yöntem.
Bu yöntem,
yüzlerce karar
ağacını tek bir
modelde birleştiriyor:
bir rastgele orman
modelinde.
Önümüzde
koca bir orman varken
tek bir ağaca
odaklanmayalım!
Hala çok işimiz var.
Şimdi daha fazla
analiz zamanı.

Rastgele orman modeli eğitelim

Karar ağaçları, yorumlanabilirlik ve şeffaflık söz konusu olduğunda oldukça kullanışlı modellerdir. Modelleme perspektifinden bakıldığında, derin ağaçların sapması düşük, ancak varyansı yüksektir (verilere kolayca uyum sağlar), bodur ağaçların ise varyansı düşük, ancak sapması yüksektir (bazı ilişkileri yakalayamaz). Burada ortaya çıkan soru ise iki metriği de iyileştirebilir miyiz?

2001 yılında Leo Breiman, rastgele ormanlar[28] adı verilen ve verilerin yeniden örnekleme yöntemiyle oluşturulan örnekleri üzerinde eğitilmiş bir çok karar ağacından elde edilen kararları bir araya getiren yeni bir model ailesi önerdi. Bootstrap[29] bugün çok yaygın kullanılan bir istatistiksel yöntemdir. Bootstrap örneklemleri adı verilen, verilerin B sayıda iadeli örnekleri oluşturulur. Her bir örneklem için bir ağaç eğitilir. Tahmin aşamasında, ağaçlardan elde edilen sonuçlar toplanır (bkz. Şekil 10). Bu yöntemin en önemli avantajı, ağaçların varyansını azaltarak modelin genelleme başarısını geliştirmesidir.

Bir rastgele orman modelinin eğitilmesi için, B - ağaç sayısı, m - tek bir düğüm için bölünmüş adayların seçileceği değişkenlerin alt kümesinin boyutu, maksimum ağaç derinliği, minimum düğüm boyutu vb. gibi hiperparametrelerin belirlenmesi gerekir. Bir sonraki bölümde hiperparametrelerin seçimini daha detaylı olarak ele alacağız, neyse ki rastgele orman algoritması hiperparametrelerin seçimi konusunda oldukça iyidir. Tüm bu avantajlar sayesinde rastgele orman modeli, tahmin modeli kurmak için çok popüler ve verimli bir tekniktir.

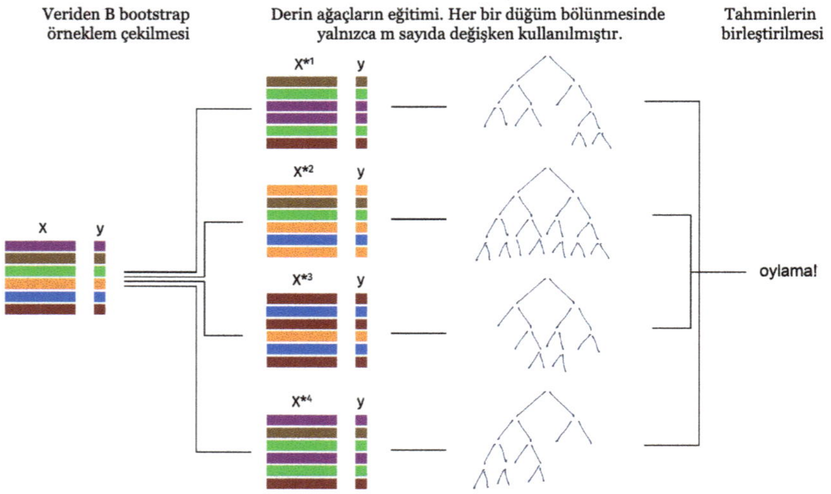

[28] Leo Breiman. Random forests. Machine Learning, 45(1):5–32, 2001a. ISSN 0885-6125

[29] Bootstrap terimi, Baron Munchausen'in masallarından birinde geçen "kişinin ayaklarından kendini yukarı çekme"deyiminden yani İmkansız bir sorunu dışarıdan yardım almadan çözmek anlamına gelir. Hikayede, Baron kendini bataklıktan kendi saçıyla çıkarmıştır. Rastgele ormanlar söz konusu olduğunda, elimizde yeni bir veri yokken bootstrap örnekleri oluşturarak, tahmin modelinin varyansını azaltabiliyoruz.

Şekil 10: Anahtar adımlar şunlardır: değiştirme ile satırları örnekleyerek veri kümesinin bir dizi B bootstrap örneklerini oluşturmak. Derin ağaçları her örnek için eğitilir. Ağaçlar arasındaki değişkenliği artırmak için, bölünmüş seçim prosedürü, tek bir düğüm için yalnızca m değişkenlerinin rastgele alt kümesinin dikkate alındığı şekilde değiştirilir. Tahmin sırasında, tek tek ağaçların sonuçları toplanır. Boostrap örneklerinin torba dışı (OOB) alt kümeleri vardır, yani örnekleme sırasında modelin performansının değerlendirilebileceği gözlemler seçilmemiştir. Rastgele orman algoritmasının ayrıntılı açıklamasına şu adresten ulaşabilirsiniz: `https://tinyurl.com/RF2001`.

R kodları

R'da rastgele orman modelleri eğitmek için en sık kullanılan iki paket `randomForest`[30] ve `ranger`[31]'dır. Ancak, `mlr3` paketini kullanacağız. Bu paket alışılmışın dışındadır, kullanımı biraz daha karmaşıktır, ancak hiperparametrelere ile ilgili, bir sonraki bölümde kullanılacak, faydalı ek özelliklere sahiptir.

[30] Andy Liaw and Matthew Wiener. Classification and Regression by randomForest. R News, 2(3):18–22, 2002

[31] Marvin N. Wright and Andreas Ziegler. ranger: A fast implementation of random forests for high dimensional data in C++ and R. Journal of Statistical Software, 77 (1):1–17, 2017

mlr3[32] kullanarak bir modelin eğitimi üç adımda gerçekleştirilir.

1. Problem türünü, eğitim verilerini ve yanıt değişkenini belirleyiniz.

```
library("mlr3")
(covid_task <- TaskClassif$new(id = "covid_spring",
        backend = covid_spring,
        target = "Death",  positive = "Yes"))
# <TaskClassif:covid_spring> (10000 x 8)
# * Target: Death
# * Properties: twoclass
# * Features (7):
#   - fct (6): Cancer, Cardiovascular.Diseases, Diabetes,
#     Gender, Kidney.Diseases, Neurological.Diseases
#   - int (1): Age
```

2. İstediğiniz bir modeli seçiniz. Pakette sunulan modelleri görmek için paketin kullanım kılavuzunu incelebilirsiniz. Rastgele orman modeli için "classif.ranger" seçimini yapınız.

```
library("mlr3learners")
library("ranger")
covid_ranger <- lrn("classif.ranger", predict_type="prob",
                num.trees=25)
```

3. Modeli train() fonksiyonunu kullanarak eğitiniz. mlr3 paketi R6 sınıflarını kullanır, bu nedenle bu yöntem nesneyi faz aşamasında değiştirir.

```
covid_ranger$train(covid_task)
```

Eğitilmiş bir model, DALEX explainer nesnesine dönüştürülebilir. predict_function fonksiyonunun farklı çalıştığını anımsayınız. DALEX, modelin sınıfına dayalı olarak bu fonksiyonu tahmin eder, ancak neler olup bittiğinden emin olmak için bunu açıkça belirtmeliyiz.

```
model_ranger <- explain(covid_ranger,
          predict_function = function(m,x)
          predict(m, x, predict_type = "prob")[,1],
          data = covid_summer, y = covid_summer$Death == "Yes",
          type = "classification", label = "Ranger")
```

Artık bu modelin performansını kontrol edebiliriz. Beklendiği gibi, bir rastgele orman modeli, tek bir ağaçtan daha iyi performansa/AUC'ye sahiptir.

```
(mp_ranger <- model_performance(model_ranger))
# Measures for:  classification
# recall     : 0.04291845
# precision  : 0.4347826
# f1         : 0.078125
# accuracy   : 0.9764
# auc        : 0.9425837

# See Figure 11
plot(mp_ranger, mp_tree, mp_cdc, geom= "roc")
```

[32] Michel Lang, Martin Binder, Jakob Richter, Patrick Schratz, Florian Pfisterer, Stefan Coors, Quay Au, Giuseppe Casalicchio, Lars Kotthoff, and Bernd Bischl. mlr3: A modern object-oriented machine learning framework in R. Journal of Open Source Software, 2019. doi: 10.21105/joss.01903

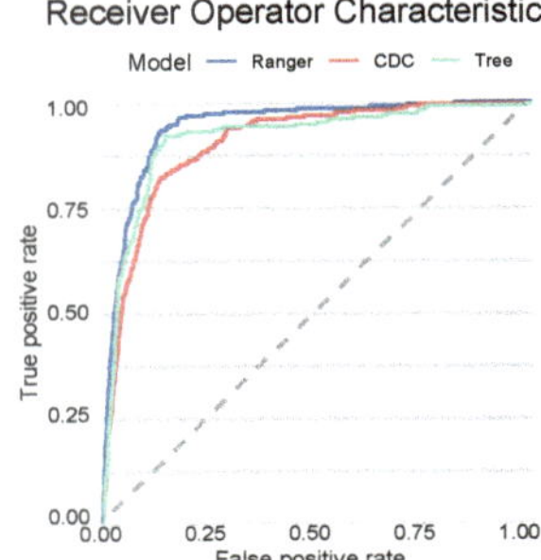

Şekil 11: CDC, ağaç ve ranger modelleri için ROC eğrileri.

Şimdi çok karmaşık bir modelimiz var. Farklı ağaçlar farklı değişkenleri kullanıyor ve çok sayıda seçenek arasında kaybolmamak çok zor. Sonuçlara ise ağaçların oylaması ile ulaşıyoruz.
Bunu kendi başına hesaplayarak yapman çok zor. Böyle bir model kurmak için yüksek işlem gücüne sahip bir bilgisayara ihtiyacın var.
VR
VR
Sanal bir ormanda yürümek sence nasıl?
Harika! Tahmin ettiğimiz katsayılara baksana, ne kadar güzel.
Receiver Operator Characteristic
Model — Ranger — CDC — Tree
True positive rate
False positive rate
0.00 0.25 0.50 0.75 1.00
AUC = 0.9425837 En iyisi!
Bir saatte bu işi tamamladık.

Bir saniye, acele etme. Rastgele orman modeli oluşturmak için birkaç parametre belirledik.
Hiper-parametreleri en uygun şekilde ayarlarsak belki daha da iyi bir model oluşturabiliriz.
Otomatik model optimizasyonu gibi düşün. Bununla ilgili bir şeyler okumuştum. Binlerce çözümü deneyebilir, test edebilir ve en iyisini seçebiliriz.
Henüz çözüme ulaşamadık. Hiper-parametreler optimizasyon için bizi bekliyor.
Ama bu iş için yeterince hızlı bir bilgisayarımız yok. Yüksek performanslı bir hesaplama aracı lazım.
Ama bu işi halledebilirim. Bambi kullanabilen bir arkadaşımı arayacağım.

Hiperparametre Optimizasyonu

Makine öğrenmesi algoritmaları, tipik olarak, bir model eğitim sürecini etkileyen birçok hiper-parametreye sahiptir. Destek Vektör Makineleri (SVM) veya Gradyan Boosting Makineleri (GBM) gibi bazı model aileleri için, bu tür hiper-parametrelerin seçimi, nihai modelin performansı üzerinde önemli bir etkiye sahiptir. İyi hiperparametreler bulma işlemine ayarlama denir.

Genel optimizasyon şeması[33] Şekil 12'de verilmiştir. Farklı model aileleri farklı hiper-parametrelere sahiptir. Hepsini aynı anda optimize etmek iyi bir başlangıç olmayabilir, bu nedenle ilk adım hiper-parametre arama alanını belirlemektir. Sonrasında, ayarlama tekrarlı iki adımdan oluşur: (1) bir hiperparametre kümesi seçin ve (2) hiper-parametre kümesinin ne kadar iyi olduğunu değerlendirin. Bu adımlar, maksimum yineleme sayısı, istenen minimum, maksimum model performansı veya model performansında bir miktar artış gibi bazı durdurma kriterleri karşılanana kadar tekrarlanır.

[33] İzleyen adımların her biri birçok şekilde uygulanabilir, bu nedenle modelleri ayarlamanın tek bir yolu yoktur. Burada tablo verileri için örnek bir çerçeve gösteriyoruz.

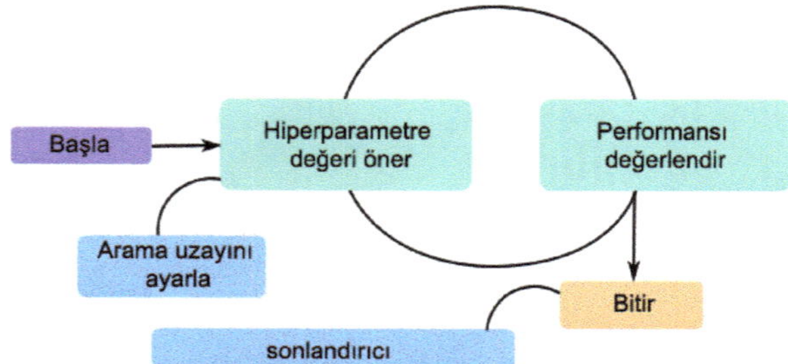

Şekil 12: `mlr3tuning` paketinde uygulanan hiperparametre optimizasyon şeması. Kaynak: `https://mlr3book.mlr-org.com/tuning.html`

Hiper-parametre kümelerini değerlendirme sürecine daha fazla odaklanalım. Makine öğrenmesinin temel ilkelerinden biri, modelin eğitimi için kullanılan verilerden farklı veriler üzerinde doğrulanması gerekliliğidir. Hiper-parametreleri değerlendirirken test verilerini kullanmamalıyız. Hiper-parametre değerlendirmesi için doğrulama seti oluşturmamız gerekiyor. Bu genellikle çapraz doğrulama kullanılarak yapılır. Bir sonraki sayfadaki örneğe bakalım.

R kodları

Aşağıdaki örnekte, `mlr3` paketini kullanıyoruz. R' da diğer hiper-parametre optimizasyonu araçları için `h2o` ve `tidymodels` paketlerine göz atabilirsiniz. İlk olarak, aranacak hiper-parametrelerin aralığını belirlememiz gerekiyor. Her zaman tüm hiper-parametreler optimize edilmeye değmez. Rastgele orman algoritması için dört farklı hiper-parametreye odaklanalım.

```
library("mlr3tuning")
library("paradox")
search_space = ps(
    num.trees = p_int(lower = 50, upper = 500),
    max.depth = p_int(lower = 1, upper = 10),
    minprop = p_dbl(lower = 0.01, upper = 0.1),
    splitrule = p_fct(levels = c("gini", "extratrees"))
)
```

Otomatik hiper-parametre optimizasyonu için şunları belirlemek gerekiyor: (1) önerilen modellerin performansını değerlendirmek için bir yöntem (5 katlı çapraz doğrulama ile hesaplanan AUC değeri), (2) parametre alanı için bir arama stratejisi (rastgele arama), (3) bir durdurma kriteri (10 tekrar)[34]).

```
tuned_ranger = AutoTuner$new(
    learner      = covid_ranger,
    resampling = rsmp("cv", folds = 5),
    measure      = msr("classif.auc"),
    search_space = search_space,
    terminator = trm("evals", n_evals = 10),
    tuner        = tnr("random_search") )
```

Parametreleri optimize edildikten sonra, tıpkı `mlr3` çerçevesindeki herhangi bir tahmin modelinde olduğu gibi, `train` çıktısıyla optimize edilmiş hiper-parametre değerlerini görebiliriz[35]

```
tuned_ranger$train(covid_task)
tuned_ranger$tuning_result
#     num.trees max.depth     minprop splitrule
# 1:          264          9 0.06907318       gini
#     learner_param_vals  x_domain classif.auc
# 1:              <list[4]> <list[4]>    0.9272979
```

Elbette, otomatik ayarlayıcının (tuner) varsayılan olanlardan daha iyi hiper-parametreler bulacağına dair bir garanti yoktur[36]. Ancak bu örnekte, ayarlı model, şimdiye kadar ele aldığımız tüm diğer modellerden daha iyidir. Ne kadar iyi olduğunu belirlemek için öncelikle bir `DALEX` sarmalayıcısına ihtiyacımız var.

```
model_tuned <- explain(tuned_ranger,
    predict_function = function(m,x)
        m$predict_newdata(newdata = x)$prob[,1],
    data = covid_summer,
    y = covid_summer$Death == "Yes",
    type = "classification", label = "AutoTune")
```

Böylece, doğrulama verilerindeki model performansını / AUC değerini hesaplayabilir ve karşılaştırabiliriz. Ardından çeşitli modelleri ROC eğrileri ile karşılaştırabiliriz.

```
(mp_tuned <- model_performance(model_tuned))
# Measures for:  classification
# recall       : 0.02575107
# precision    : 0.4
# f1           : 0.0483871
# accuracy     : 0.9764
# auc          : 0.9447171
# See Figure 13
plot(mp_tuned, mp_ranger, mp_tree, mp_cdc, geom = "roc")
```

Sonuçların yeniden üretilebilirliği ile ilgili not: Eğitimin rastgeleliğe dayalı olması nedeniyle, farklı bilgisayarlarda veya farklı paket sürümlerinde farklı sonuçlar alabilirsiniz. Aynı kodu iki kez çalıştırırsanız bile, kısmen farklı sonuçlar alabilirsiniz. Ancak, genel olarak sonuçlar aynı olmalıdır.

[34] Elbette, Yüksek Performanslı Hesaplama Kümesine (YPHK) sahip olan Bit, tüm süreci kolaylıkla paralelleştirilebileceği için yüz binlerce hiper-parametre konfigürasyonunu test edebilir. Bununla birlikte, bu örnekte tekrarlanabilirliğe odaklandık, bu nedenle sonuçların yeniden elde edebilmesini kolaylaştıracak şekilde 10 konfigürasyon için sonuçları paylaşıyoruz. Ayrıca, bu veri seti için varsayılan rastgele orman parametreleri çok iyi sonuçlar veriyor, bu yüzden zaten uzun bir ayarlama süreci ile daha yüksek bir performans elde edemeyiz.

[35] Aşağıda verilen AUC değerinin (0.9272979), `covid_summer` için hesaplanmadığını, 5 katlı çağraz geçerlilik yöntemiyle hiper-parametrelerin bir değerlendirmesi olduğunu unutmayın. `covid_summer` için hesaplanan AUC değeri bu sayfanın sonunda verilmiştir.

[36] Ayrıca, rastgele ormanlar gibi bazı algoritmalar kolay ayarlanabilir yöntemler değildirler. Ama bunu denemek zorundaydık!

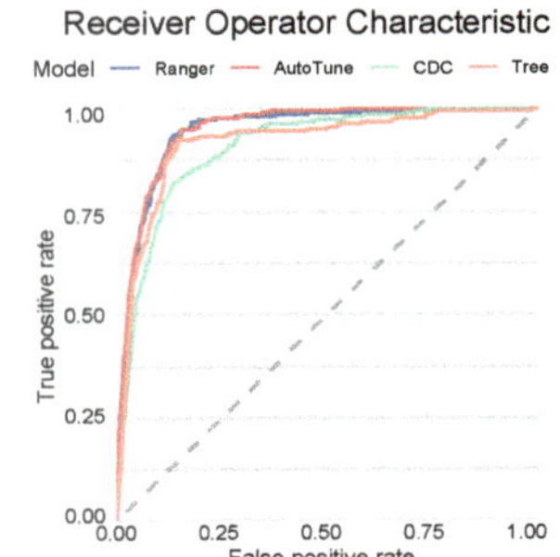

Şekil 13: CDC, ağaç, ranger modeli ve otomatik ayarlı ranger modeli için ROC eğrileri.

Şuna bak! Bambi, binlerce saat süren hesaplamaları kısa sürede yapabilen yüksek performanslı bir hesaplama sistemi.

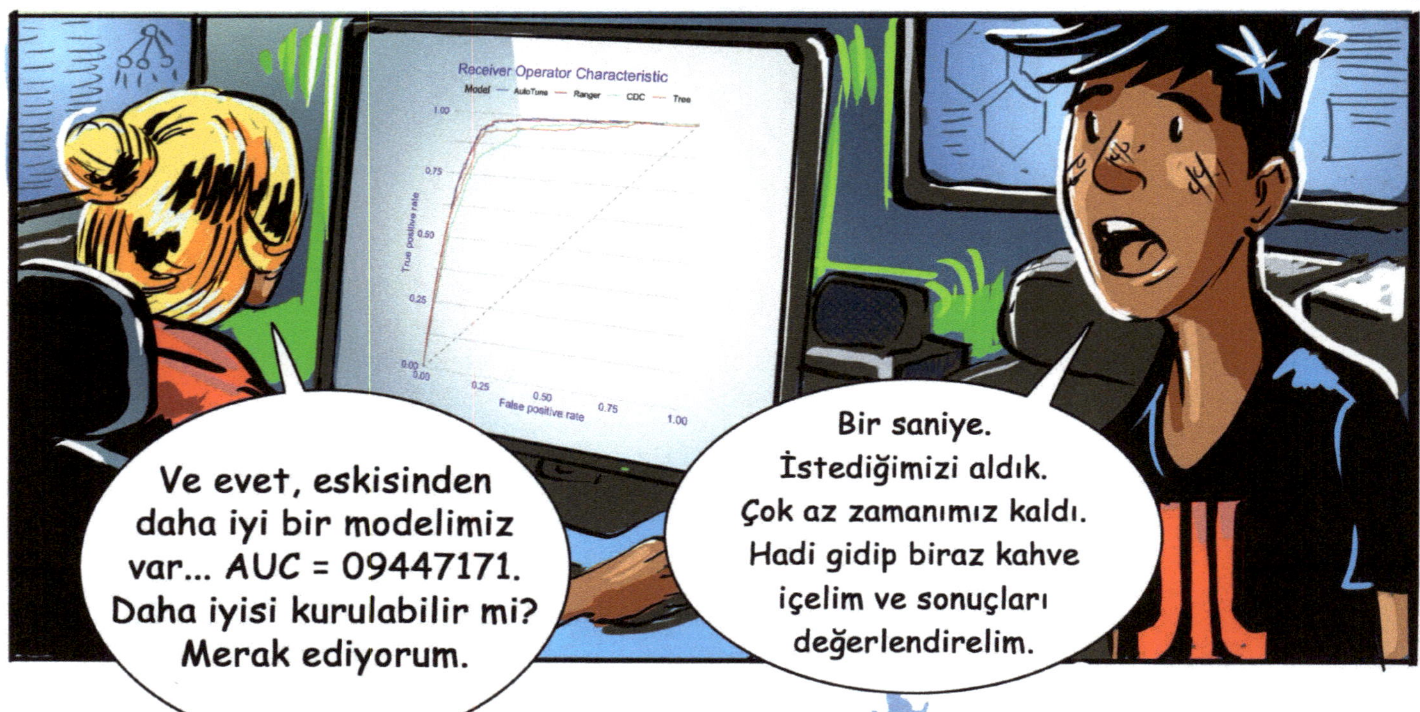
Receiver Operator Characteristic
Model AutoTune Ranger CDC Tree
True positive rate
False positive rate
Ve evet, eskisinden daha iyi bir modelimiz var... AUC = 09447171. Daha iyisi kurulabilir mi? Merak ediyorum.
Bir saniye. İstediğimizi aldık. Çok az zamanımız kaldı. Hadi gidip biraz kahve içelim ve sonuçları değerlendirelim.

Dört iterasyon kullandık. Çok iyi bir model kurduk, hatta birkaç model daha var elimizde. Ve çok az zamanımız kaldı.
Hadi ama!
Tamam tamam. Bu iş tamamdır.

Ama... Nasıl çalıştığını bilmediğimiz bir modelin kullanımını önermek sorumlu bir yaklaşım olmaz.
Gayet iyi çalışıyor. Daha ne gerekiyor ki?
Kullanıcıların güvenliğiyle ilgili. Bu modeli iyice test etmemiz gerekiyor.
Açıkla... Açıkla... Açıkla...
Bit'in son programlamasından sonra kendine gelebildin mi? Her şeyi açıklamaktan mutluluk duyacağım çünkü bize nasıl yardımcı olabileceğini biliyorum.
Aaa! Merhaba DALEX!
f(x)
AUC RMSE
Modelin kapsamlı bir analizini yapmamız gerekiyor. Model keşif piramidini kullanabiliriz. Modeldeki değişkenlerin ne kadar önemli olduğunu kontrol etmemiz gerekiyor ve gerçekten yardımına ihtiyacımız var.

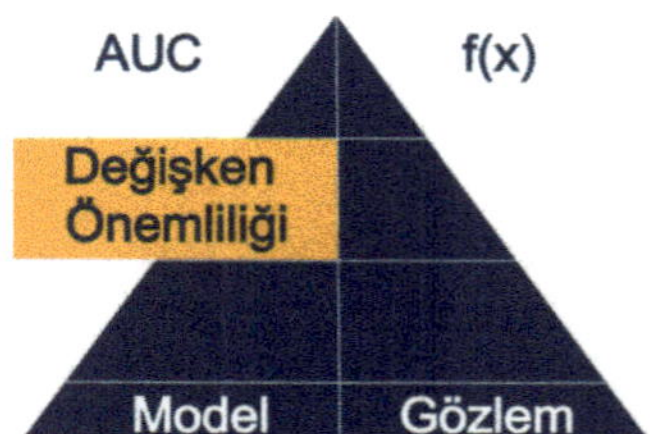

XAI piramidi, açıklayıcı model analizi teknikleri arasındaki ilişkileri tanımlar. Modelin daha derin, daha ayrıntılı görünümünü verir.

Değişken önemliliği

Yüksek boyutlu bir modeli incelediğimizde aklımıza takılan ilk sorulardan biri şudur: Hangi değişkenler önemlidir? Hangi değişkenler modelin performansını önemli ölçüde etkiler?

Bazı modellerde değişken önem değerlendirmesi için yerleşik yöntemler bulunur. Örneğin, doğrusal modeller için standartlaştırılmış model katsayıları ve p-değerleri kullanılabilir. Rastgele orman için, torba dışı (out-of-bag) sınıflandırma hatası kullanılabilir. Ağaç modelleri için bilgi kazanım istatistikleri de kullanılabilir. Ancak, bu tür modele özgü tekniklerle ilgili sorun, farklı modelleri birbiri arasında karşılaştırmak için kullanılamamasıdır. Benzer nedenlerden dolayı, değişkenlerin permütasyonel önemi gibi modelden bağımsız teknikler kullanılmalıdır[37].

[37] Permütasyonel değişken önemi, Explanatory Model Analysis kitabının 16.bölümünde ayrıntılı olarak açıklanmıştır. `https://ema.drwhy.ai/featureImportance.html`

Bu yöntem, seçilen bir değişkenin veya değişkenlerin pertübrasyonlarına dayanmaktadır. Yöntemin arkasındaki fikir, eğer bir modelde bir değişken önemliyse, bu değişkenin rastgele bozulmasından sonra model tahminlerindeki sapmaların gözlenmesidir.

Bir i değişkeninin permütasyona dayalı değişken önemi, orijinal veriler için model performansı ile izin verilen i değişkeni ile veriler üzerinde hesaplanan model performansı arasındaki farktır.

$$VI(i) = L(f, X^{perm(i)}, y) - L(f, X, y),$$

burada $L(f, X, y)$, X verisi için kayıp fonksiyonunun veya performans ölçüsünün değeridir. y yanıt değişkeninin değerlerini, f modeli gösterir, $X^{perm(i)}$ ise x ve i. değişkenin permütasyon değerini gösteren veri setidir.

Bu şekilde tanımlanan değişkenlerin öneminin, modelin yeniden eğitilmesi gerekmeden belirlenebileceğini unutmayın.

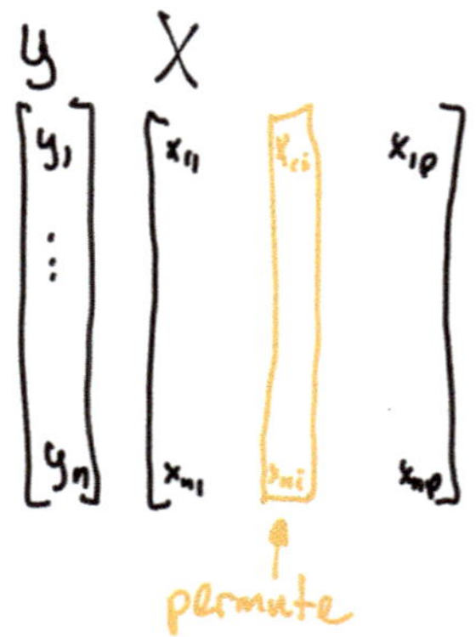

Şekil 14: Değişkenlerin permütasyonu, yanıt değişkenine olan bağımlılığı bozarken, marjinal dağılımı korur.

Hangi performans ölçüsünü seçmelisiniz? Bu tamamen size bağlıdır. `DALEX` paketinde, varsayılan olarak, regresyon için RMSE ve sınıflandırma problemleri için 1-AUC kullanılır. Ancak, `loss_function` argümanını kullanarak kayıp fonksiyonunu değiştirebilirsiniz.

R kodları

Değişkenlerin önemini hesaplamak için `DALEX` paketindeki `model_parts` fonksiyonunu kullanacağız. Tek gerekli argüman analiz edilecek modelin belirtilmesidir. Ek argümanlarla, bir fark, oran veya normalizasyon olmadan değişkenlerin öneminin nasıl hesaplanacağı da belirtilebilir. Aşağıdaki kodların son satırı olan `_baseline_`, tüm değişkenleri kullanarak kurulan bir modelin kayıp fonksiyonundaki farka karşılık gelir.

```
mpart_ranger <- model_parts(model_ranger, type="difference")
mpart_ranger
#                    variable mean_dropout_loss  label
# 1              _full_model_      0.0000000000 Ranger
# 2     Neurological.Diseases      0.0006254491 Ranger
# 3                    Gender      0.0030246808 Ranger
# 4          Kidney.Diseases      0.0048972639 Ranger
# 5                    Cancer      0.0061278070 Ranger
# 6                  Diabetes      0.0076210243 Ranger
```

```
# 7  Cardiovascular.Diseases       0.0207565006 Ranger
# 8                      Age       0.1580579207 Ranger
# 9               _baseline_       0.4203818555 Ranger
```

Bu teknik, farklı modellerdeki değişkenlerin önemini karşılaştırmak istediğimizde kullanışlıdır. Örneğimizde nasıl çalıştığını görelim. `plot` fonksiyonu, ardışık argümanlar olarak verilen herhangi bir sayıda model için kullanılır.

```
mpart_cdc    <- model_parts(model_cdc)
mpart_tree   <- model_parts(model_tree)
mpart_ranger <- model_parts(model_ranger)
mpart_tuned  <- model_parts(model_tuned)
# See Figure 15
plot(mpart_cdc, mpart_tree, mpart_ranger, mpart_tuned,
              show_boxplots = FALSE)
```

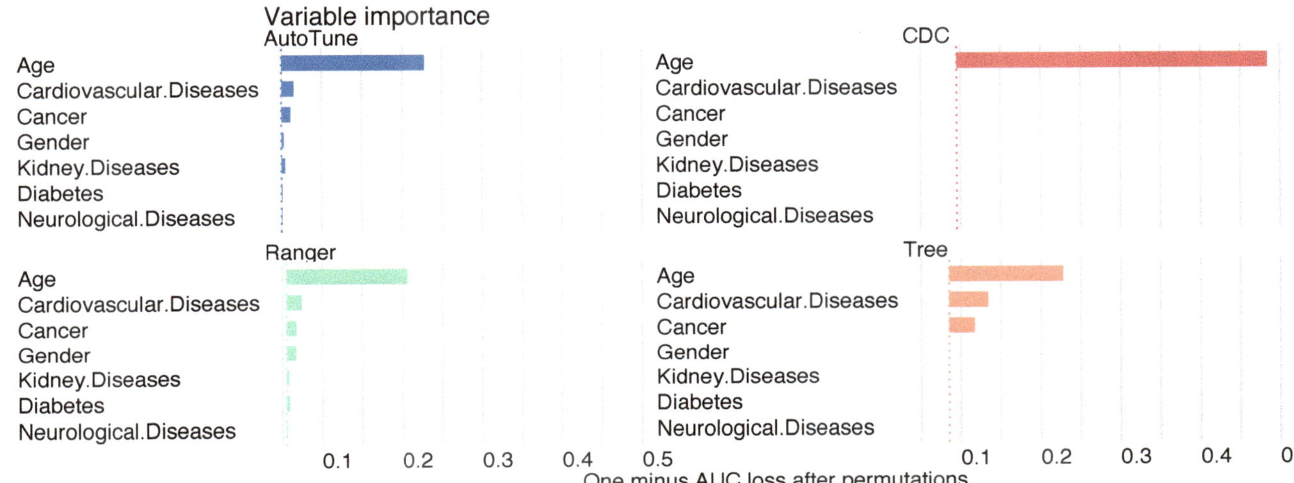

Şekil 15: Değişkenlerin önemi, çeşitli modelleri karşılaştırmak için kullanılan değerli bir bilgi kaynağıdır. Bu grafikte, her çubuk, orijinal verilerdeki model için 1-AUC değerinde başlar ve belirtilen değişken için hesaplanan 1-ortalama AUC değerinde biter.

CDC modeli için tek önemli değişken Yaş'tır. Ağaç modeli için, üç önemli değişken Yaş, Kanser ve Kardiyovasküler hastalıklardır; bu, Şekil 8 ile tutarlı bir gözlemdir. Ranger modeli ve hiper-parametrelerin ayarlanmasından sonraki model için daha fazla değişken hesaba katılır. Ancak Yaş, tüm modellerde tartışmasız en önemli değişkendir.

Daha fazlasını merak ediyor musunuz?

Aynı pertürbasyon tekniği, değişken gruplarının önemini analiz etmek için kullanılabilir. Bunun için sadece `variable_groups` argümanını kullanabilirsiniz. Değişken sayısı fazlaysa ve değişkenlerin bazı ortak yönleri varsa, değişkenleri gruplamak faydalı olabilir. Burada tüm hastalıkları birlikte gruplayabiliriz.

Yüksek düzeyde ilişkili değişkenler için, ilginç bir model araştırma tekniği, korelasyon yapısını bir dendogram aracılığıyla özetleyen ve ilişkili değişken gruplarının önemini gösteren `triplot` yöntemidir. Değişkenler arasında ilişkiler olması durumunda değişken önem analizi dikkatle yapılmalıdır.

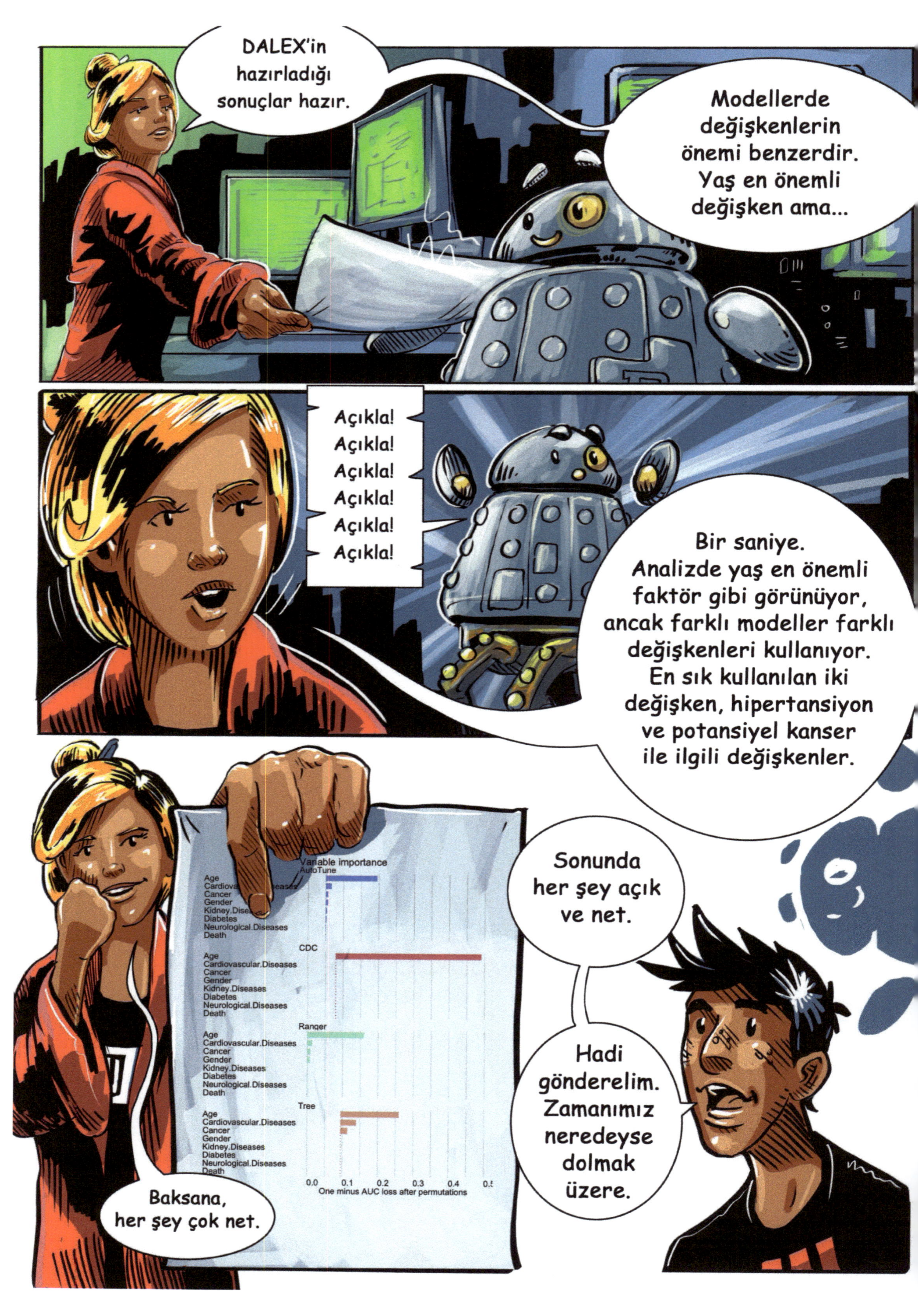

DALEX'in hazırladığı sonuçlar hazır.
Modellerde değişkenlerin önemi benzerdir. Yaş en önemli değişken ama...
Açıkla! Açıkla! Açıkla! Açıkla! Açıkla! Açıkla!
Bir saniye. Analizde yaş en önemli faktör gibi görünüyor, ancak farklı modeller farklı değişkenleri kullanıyor. En sık kullanılan iki değişken, hipertansiyon ve potansiyel kanser ile ilgili değişkenler.
Variable importance
AutoTune
Age
Cancer
Gender
Diabetes
Neurological.Diseases
Death
CDC
Age
Cardiovascular.Diseases
Cancer
Gender
Kidney.Diseases
Diabetes
Neurological.Diseases
Death
Ranger
Age
Cardiovascular.Diseases
Cancer
Gender
Kidney.Diseases
Diabetes
Neurological.Diseases
Death
Tree
Age
Cardiovascular.Diseases
Cancer
Gender
Kidney.Diseases
Diabetes
Neurological.Diseases
Death
0.0 0.1 0.2 0.3 0.4
One minus AUC loss after permutations
Baksana, her şey çok net.
Sonunda her şey açık ve net.
Hadi gönderelim. Zamanımız neredeyse dolmak üzere.

Acele etmemek iyi oldu. Hala biraz zamanımız var. Model keşif piramidindeki diğer yöntemleri neden test etmiyoruz? Yaşın önemli olduğunu biliyoruz ama bu nasıl ölüm riskine dönüşüyor? Yaş ve model sonuçları arasındaki korelasyonu belirlemek için kısmi bağımlılık gibi diğer teknikleri kullanmalıyız.
Doğru! Doğru! Doğru!
HouseAge
AveOccup

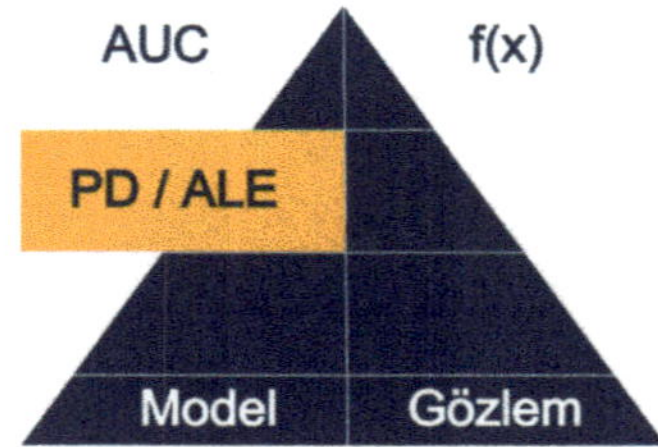

Her iki yöntem de Explanatory Model Analysis kitabının 17.bölümünde ayrıntılı olarak açıklanmıştır. https://ema.drwhy.ai/partialDependenceProfiles.html

Kısmi Bağımlılık ve Birikimli Yerel Etkiler

Hangi değişkenlerin önemli olduğunu öğrendikten sonra, belirli bir değişken ile model tahmini arasındaki ilişkiyi belirlemek önemlidir. Bu tür Açıklayıcı Model Analizi için popüler teknikler Kısmi Bağımlılık (PD) ve Birikmiş Yerel Etkilerdir (ALE).

PD profilleri ilk olarak 2001 yılında gradyan artırma modelleri için önerilmiştir, ancak modelden bağımsız bir şekilde de kullanılabilmektedir. Bu yöntem, i değişkenini t değeriyle değiştirdikten sonra ortalama model yanıtının analizine dayanmaktadır.

Daha resmi olarak, i değişkeni için Kısmi Bağımlılık profili, aşağıdaki gibi tanımlanan t'nin bir fonksiyonudur:

$$PD(i,t) = E\left[f(x_1, ..., x_{i-1}, t, x_{i+1}, ..., x_p)\right],$$

burada beklenen değer veri dağılımı üzerinden hesaplanır. Basit tahmin edici ise,

$$\widehat{PD}(i,t) = \frac{1}{n}\sum_{j=1}^{n} f(x_1^j, ..., x_{i-1}^j, t, x_{i+1}^j, ..., x_p^j).$$

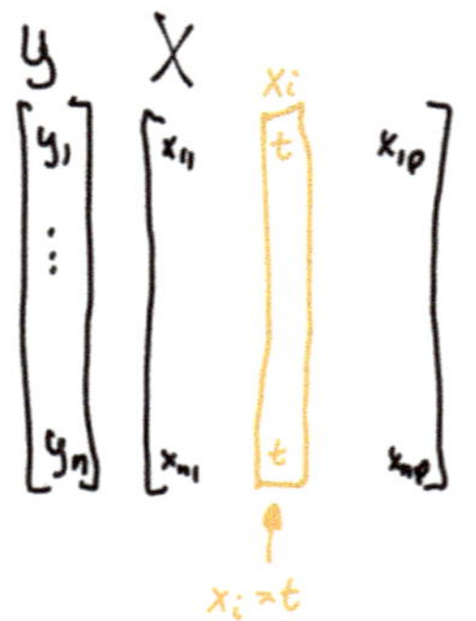

Şekil 16: Veri setinde, i değişkeni t değeri ile değiştirilir, ardından ortalama bir yanıt değişkeni değeri hesaplanır.

i. değişkeni t değeri ile değiştirmek, özellikle i. değişken diğer değişkenlerle ilişkilendirildiğinde ve korelasyon yapısını göz ardı edildiğinde farklı değerlerin gözlenmesine neden olabilir. Bu sorunun bir çözümü, koşullu dağılımın ortalaması olan Birikmiş Yerel Etki profillerini kullanmaktır.

Her değişken için Kısmi Bağımlılık profilinin analizi birçok faydalı bilgi taşır. Ancak, bazı modellerde karmaşık etkileşimlerle karşılaşma ihtimalinin yüksek olduğunu unutmayınız. Bu nedenle, bir değişken için bir global profil, aşırı basitleştirme olabilir. PD profillerinin bir uzantısı, bazı değişkenler tarafından tanımlanan alt gruplarda veya model yanıtlarından bulunan gözlem bölümlerine dayalı olarak hesaplamaktır. Aşağıdaki bununla ilgili örneklere göz atınız.

R kodları

Değişken profilini hesaplamak için DALEX paketindeki `model_profile` fonksiyonunu kullanacağız. Tek gerekli argüman analiz edilecek modeldir. İkinci argüman ise profil tahmini için değişkenlerin isimlerini belirtmek gerekir; aksi takdirde, tüm değişkenler için profiller hesaplanır. Profil hesaplamaları için exact grid yöntemi de seçilebilir.

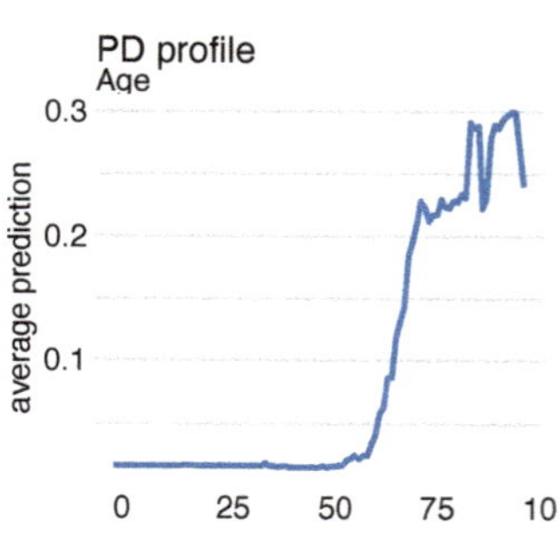

Şekil 17: Yaş değişkeni için kısmi bağımlılık profili.

Ortalama, explainer nesnesinde argüman olarak belirtilen `verinin` dağılımı için hesaplanır. Burada `covid_summer` verisetinde yer alan Age değişkeni için PD profillerini hesaplayacağız.

```
mp_ranger <- model_profile(model_ranger, "Age")
# See Figure 17
plot(mp_ranger)
```

Dört modelimiz olduğundan, modelin Yaş değişkenine verdiği yanıt açısından modellerin nasıl farklılaştığını karşılaştırmak faydalı olacaktır.

```
mp_cdc     <- model_profile(model_cdc, "Age")
```

```
mp_tree   <- model_profile(model_tree, "Age")
mp_tuned  <- model_profile(model_tuned, "Age")
# See Figure 20
plot(model_cdc, model_tree, mp_ranger, model_tuned)
```

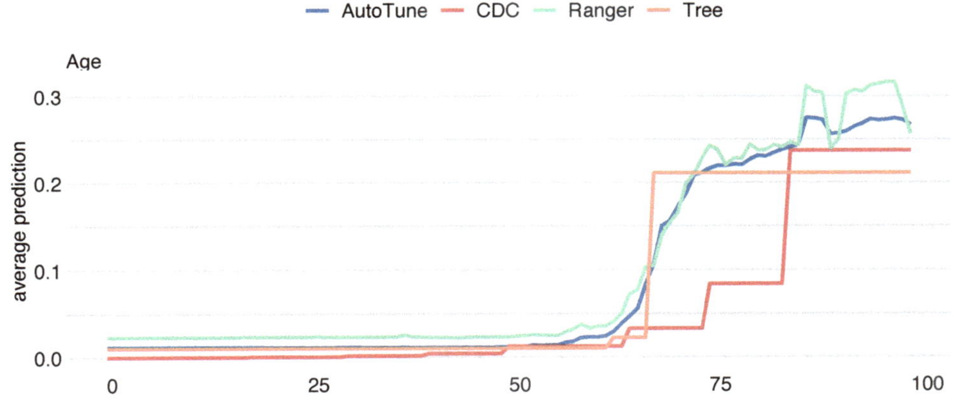

Şekil 18: Her renk farklı bir modeli gösterir. CDC modelinde ölüm riskinde hızlı bir artış var. `covid_spring` verilerine dayalı modellerin, riskteki hızlı artışı 65 yaş civarında görülme olasılığı daha yüksektir. Ağaç modeli, en yaşlı grupta sürekli artan riski yakalamak için çok kısıtlıdır. Buna rağmen, modeller ilişkinin genel şekli konusunda oldukça tutarlıdır.

Gruplandırılmış Kısmi Bağımlılık profilleri

Varsayılan olarak tüm gözlemler için ortalama hesaplanır. Ancak `groups` argümanıyla bir gruplama değişkeni belirtilebilir. PD profilleri, bu değişkenin her seviyesi için bağımsız olarak hesaplanır.

```
mgroup_ranger <- model_profile(model_ranger, "Age",
                        groups = "Diabetes")
# See Figure 19
plot(mgroup_ranger)
```

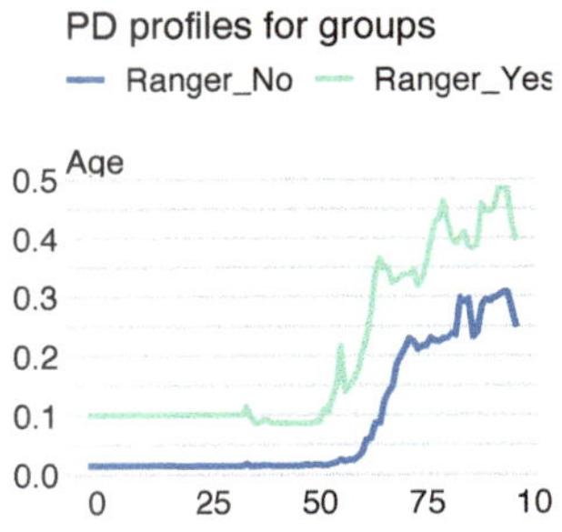

Şekil 19: Diyabet değişkenine göre tanımlanmış Yaş grupları kısmi bağımlılık grafiği.

Kümelenmiş Kısmi Bağımlılık profilleri

Model toplamsal bir model ise, bireysel profiller (Ceteris Paribus profilleri ile ilgili sonraki bölüme bakınız) paraleldir. Ancak modeldeki değişkenler arasında etkileşim(ler) varsa, bireysel profiller her etkileşimde değişkenlerin farklı değerleri için farklı şekillere sahip olabilir. Bu tür etkileşimler olup olmadığını görmek için bireysel profilleri kümeleyebiliriz.

`k` argümanını ile, `model_profile` fonksiyonunu kullanarak profilleri hiyerarşik bir şekilde kümeleyebiliriz. Öncelikle en farklı profil grubunu (`k`) belirleyerek ve ardından bu grupların her biri için ayrı ayrı Kısmi Bağımlılığı hesaplayabiliriz.

```
mclust_ranger <- model_profile(model_ranger, "Age",
                        k = 3, center = TRUE)
# See Figure 20
plot(mclust_ranger)
```

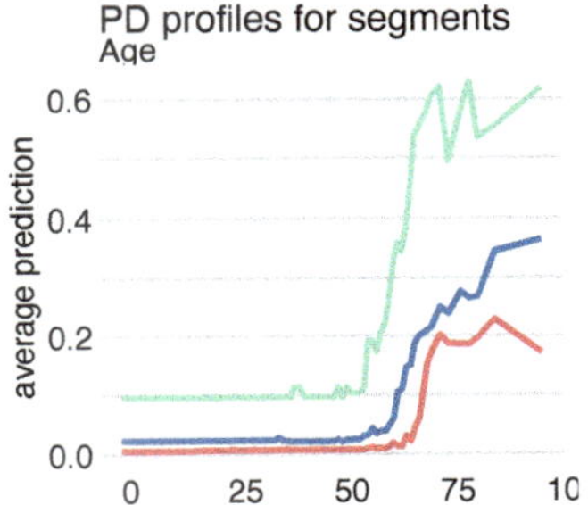

Şekil 20: Üç segment için Kısmi Bağımlılık grafiği

Partial Dependence profile
Created for the AutoTune, CDC, Tree, Ranger model
AutoTune CDC Ranger Tree
25 50 75 100
Etkilere baksana...
Yaşın modellere olan etkisi...
Bakıyorum, ama neyi görmem gerekiyor?
Genç hastalar için, tüm modeller düşük risk olduğunu gösteriyor.
65-80
<30
Fakat ağaç modelleri 65-80 yaş arası hastaların ölüm riskini CDC modelinden daha yüksek olduğunu gösteriyor.
Ama bunlar küçük farklar. Tüm modeller iyi görünüyor. Yapmadıklarını söyleme! Aslında onları Bay MI2'ye gönderebiliriz. Görev tamamlandı.

Zaten en iyi modele sahibiz. Ancak yine de bir gözlem için riskin nasıl hesapladığını bulmamız gerekiyor.
Yaşlı hastalar için riske bakalım...
NAME: STEVE
SURNAME: S.
AGE: 76
SEX: MALE
OTHER: CARDIOVASCULAR DISEASE
Durumu iyi gibi görünüyor. Steve için riskin ne olduğunu merak ediyorum.
RISK: 0.2678
Ah be çok riskli! Gerçekten söylemek istemiyorum ama biraz daha detaylı incelememiz gerekiyor.

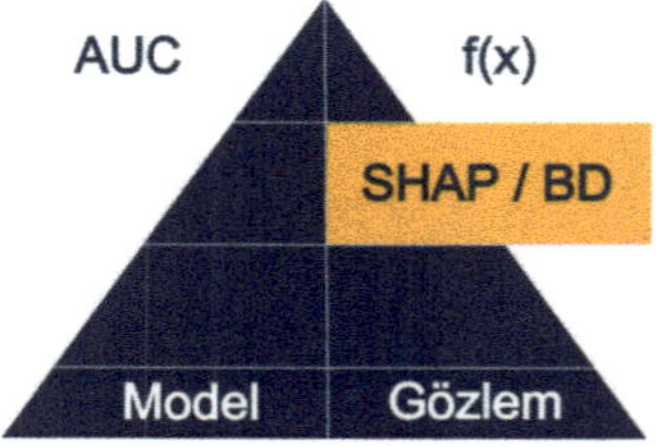

Gözlem düzeyinde keşif

Model geliştirici perspektifinden, genellikle bir modelin genel davranışıyla, yani bir değişkenin aldığı değerin değişimine bağlı olarak, modeldeki yanıt değişken değerinin ortalama olarak nasıl değiştiği ile ya da yüksek performansa sahip olup olmadığıyla ilgileniriz. Ancak kullanıcı bakış açısı farklıdır. Kullanıcı genellikle noktasal bir tahminle ilgilenir. Bununla ilgili sıklıkla „açıklama hakkı" kavramını duyarız, bu da bir model tahmini için hangi değişkenlerin model tahminini önemli ölçüde etkilediğini bulmamız gerektiği anlamına gelir. Özellikle yüksek riskli kararlar alırken, bilinçli ve sorumlu tahminleri desteklemek için model hakkındaki bilgiyi mümkün olduğunca çeşitlendirmemiz gerekir.

Shapley değerleri ve Break-down grafikleri

Tablo verileri için, yerel değişken ilişkilendirmesinde en yaygın kullanılan tekniklerden biri Shapley değerleridir. Bu yöntemin arkasındaki ana fikir, koşullu beklenen değerlerin sırasını analiz etmektir. Bu şekilde, koşullu ortalamanın, ortalama model yanıtından, x^* değişkeninin gözlemlenmesi için model tahminine doğru nasıl hareket ettiğini izleyebiliriz. Bir dizi beklenen değerler düşünelim.

$$\begin{aligned} \mu &= E\left[f(X)\right], \\ \mu_{x_1} &= E\left[f(X)|X_1 = x_1^*\right], \\ \mu_{x_1,x_2} &= E\left[f(X)|X_1 = x_1^*, X_2 = x_2^*\right], \\ &\dots \\ \mu_{x_1,x_2,\dots,x_p} &= E\left[f(X)|X_1 = x_1^*, X_2 = x_2^*, \dots, X_p = x_p^*\right] = f(x^*). \end{aligned}$$

$\mu_{x_1} - \mu$, $\mu_{x_1,x_2} - \mu_{x_1}$ vb. ardışık farklılıklara bakarak, değişkenlerin tekil olarak birikimli etkileri hesaplanabilir, bkz. Şekil 21. Basit bir çözüm gibi görünse de, bu yaklaşımla ilgili iki sorun vardır.

Birincisi, koşullu beklenen değeri tahmin etmenin kolay olmamasıdır. Çoğu uygulamada, değişkenlerin bağımsız olduğu varsayılır ve daha sonra, K kümesindeki değişkenlerin, x^* gözlemlerinden karşılık gelen değerlerle değiştirildiği ortalama bir model yanıtı olarak μ_K değerini tahmin edebiliriz. Yani yaklaşık bir tahmin,

$$\widehat{\mu}_K = \frac{1}{n}\sum_{i=1}^{n} f(x_1^o, x_2^o, \dots, x_p^o), \text{ where } \begin{cases} x_j^o = x_j^*, & \text{if } j \in K \\ x_j^o = x_j^i, & \text{if } j \notin K. \end{cases}$$

İkinci konu, bu etkilerin koşullanma sırasına bağlı olabileceğidir. Bu sorun nasıl çözülür? Shapley değerleri yöntemi, değişkenleri tüm (veya en azından çok sayıda rastgele) sıralamanın ortalaması olarak hesaplarken, Break-down yöntemi, başlangıçta en büyük niteliğe sahip değişkenleri tercih eden açgözlü bir buluşsal yöntem ile belirlenen tek bir sıralama kullanır.

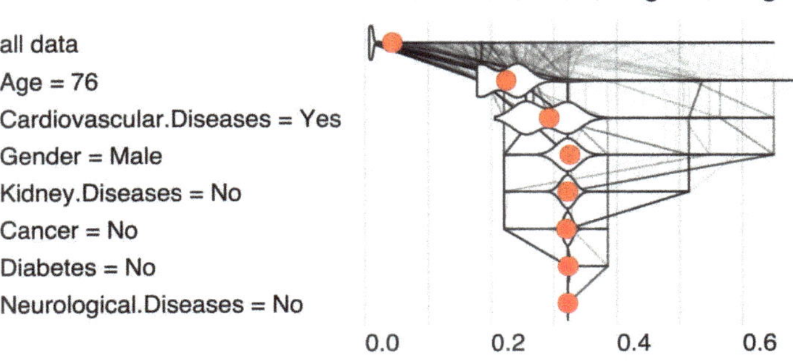

Şekil 21: Aşağıdaki satırlar, koşullu dağılımları (keman grafikleri) ve koşullu beklenen değeri (kırmızı noktalar) gösterir. Satırlar arasındaki gri çizgiler, bir sonraki değişkenin gözleminden elde edilen değerle değiştirdikten sonra her gözlem için tahminlerin nasıl değiştiğini gösterir x^*. Böyle bir koşullandırma dizisini analiz ederek, ortalama model yanıtı (ilk satır) ve gözlemlenen model yanıtı (son satır) arasındaki farkları önemli ölçüde açıklayan değişkenleri okuyabiliriz.

R kodları

Modeli daha yakından inceleyelim. Hipertansiyonu olan 76 yaşında bir kişiyi ele alalım. Örnek olarak `model_ranger` kullanarak yerel bir model analizi yapacağız.

```
Steve <- data.frame(Gender = factor("Male", c("Female", "Male")),
   Age                     = 76,
   Cardiovascular.Diseases = factor("Yes", c("No", "Yes")),
   Diabetes                = factor("No", c("No", "Yes")),
   Neurological.Diseases   = factor("No", c("No", "Yes")),
   Kidney.Diseases         = factor("No", c("No", "Yes")),
   Cancer                  = factor("No", c("No", "Yes")))
predict(model_ranger, Steve)
# 0.322
```

Belirli bir model ve belirli bir gözlem için `predict_parts` fonksiyonu, yerel değişken niteliklerini hesaplar. İsteğe bağlı olan `order` argümanı, belirtilen bir değişken dizisinin kullanılmasını zorunlu kılar. Bu argüman kullanılmazsa, fonksiyon koşullandırmayı en alakalı değişkenlerle başlatmak için açgözlü bir buluşsal yöntem kullanılır. Sonuçlar Şekil 22'de verilmiştir.

```
(bd_ranger <- predict_parts(model_ranger, Steve))
#                                          contribution
# Ranger: intercept                               0.043
# Ranger: Age = 76                                0.181
# Ranger: Cardiovascular.Diseases = Yes           0.069
# Ranger: Gender = Male                           0.033
# Ranger: Kidney.Diseases = No                   -0.004
# Ranger: Cancer = No                            -0.002
# Ranger: Diabetes = No                           0.003
# Ranger: Neurological.Diseases = No              0.000
# Ranger: prediction                              0.322
plot(bd_ranger)
```

Alternatif yol, değişkenlerin tüm (veya en azından birçok rastgele) sıralamasının ortalamasını almaktır. Shapley değerleri bu şekilde hesaplanır. `show_boxplots` argümanı, farklı sıralamalar arasındaki tahmini değişkenlerin kararlılığını vurgular. Şekil 22'ye bakınız.

```
shap_ranger <- predict_parts(model_ranger, Steve, type = "shap")
```

```
plot(shap_ranger, show_boxplots = TRUE)
```

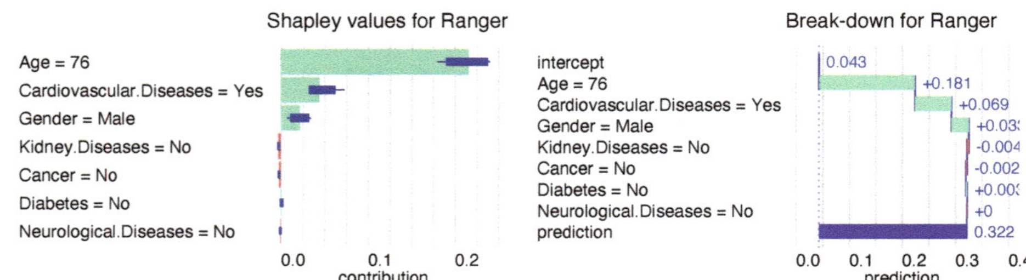

Şekil 22: Shapley değerleri (solda) ve Break-down grafikleri (sağda), her bir değişkenin son modelin yanıt değişkenine olan katkılarını gösterir. Her iki ilişkilendirme tekniği de değişkenlerin tekil katkıların toplamının son modelin tahminine eklenmesini sağlar.

Shapley değerleri toplamsaldır. Etkileşimli modeller için, genellikle çok fazla basitleştirilmiştir. `type` argümanının diğer seçenekleri `shap`, `break_down`, `break_down_interactions`[38] veya `oscillations` değerleridir.

`model_parts`, `predict_parts`, `model_profiles` gibi fonksiyonların varsayılan olarak tüm veri kümesindeki istatistikleri hesaplamadığını (bu zaman alıcı olabilir), ancak rastgele vakaların `n_samples` üzerinde ve tüm prosedürün hata çubuklarını tahmin etmek için `B` kez tekrarlandığını unutmayınız.

[38] Bu seçenek ikili etkileşimlerle ilgilidir, detaylı bilgi için Explanatory Model Analysis kitabının 7.bölümünü inceleyebilirsiniz. `https://ema.drwhy.ai/iBreakDown.html`.

Ceteris Paribus

Ceteris Paribus (CP), "diğer tüm değişkenlerin sabit olması"durumunu anlatmak için kullanılan Latince bir deyimdir. Aynı zamanda tek bir gözlem için model davranışının analizi için de çok kullanışlı bir tekniktir. Bazen Bireysel Koşullu Beklentiler (ICE) olarak adlandırılan CP profilleri, bir değişken için bir değer değiştirilirken diğer değişkenler değişmeden bırakılırsa, seçilen bir gözlem için modelin yanıt değişkeninin aldığı değerin nasıl değişeceğini gösterir.

Yerel değişken ilişkilendirmesi, hangi değişkenlerin tahmini etkilediği sorusunu yanıtlamak için uygun bir teknik olsa da, yerel profil analizi, model yanıtının belirli bir değişkene bağlı olduğu nasıl sorusunu yanıtlamak için iyi bir tekniktir. Veya farzedelim sözcüğü ile başlayan cümleyi tamamlamak için...

R kodları

`predict_profiles()` fonksiyonu, seçilen bir model ve seçilen gözlemler için Ceteris Paribus profillerini hesaplar. Varsayılan olarak, tüm değişkenler için profilleri hesaplar, ancak bu listeyi `variables` argümanını kullanarak sınırlayabilirsiniz.

```
cp_ranger <- predict_profile(model_ranger, Steve)
cp_ranger
#  Top profiles    :
#        Gender   Age Cardiovascular.Diseases Diabetes
# 1      Female 76.00                     Yes       No
# 1.1      Male 76.00                     Yes       No
# 11       Male  0.00                     Yes       No
# 1.110    Male  0.99                     Yes       No
```

Hesaplanan profiller, `plot` fonksiyonuyla çizilebilir. `DALEX` paketinde diğer araçlarda olduğu gibi, tek bir grafik üzerinde birden fazla model çizilebilir. Teknik nedenlerden dolayı nicel ve nitel değişkenler tek bir grafikte gösterilemez. Bu nedenle, nitel değişkenlerinin önemini göstermek istiyorsanız, bunları ayrıca çizmeniz gerekiyor.

Şekil 23'te, sürekli değişken 'Age' ve kategorik değişken `Cardiovasküler.Diseases` için bir CP profili örneğini görüyorsunuz.

```
# See Figure 23
plot(cp_ranger, variables = "Age")
plot(cp_ranger, variables = "Cardiovascular.Diseases",
        categorical_type = "lines")
```

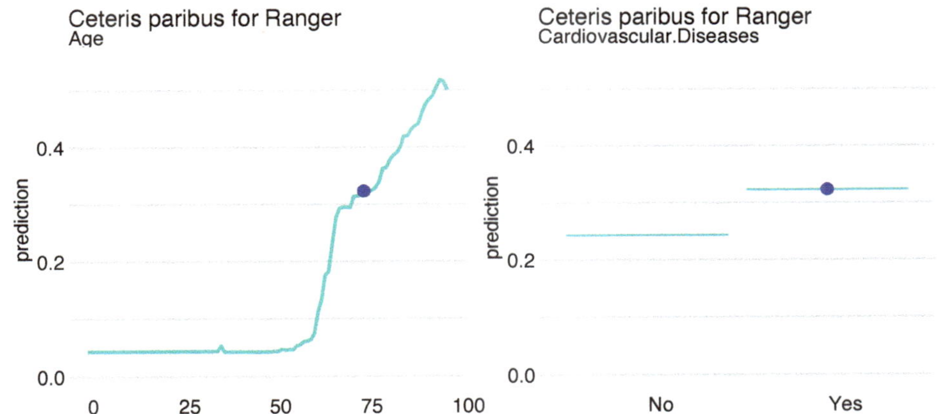

Şekil 23: Nokta, analiz edilen gözlemi gösterir. CP profili, seçilen değişkendeki değişiklikler için model tahminlerinin nasıl değiştiğini gösterir. Solda sürekli değişken `Age` için CP profili, sağda ise kategorik değişken olan `Cardiovascular.Diseases` için CP profili yer almaktadır. Kategorik değişkenler için, `categorical_type` argümanını kullanarak CP profillerinin nasıl çizilmesi gerektiği belirlenebilir.

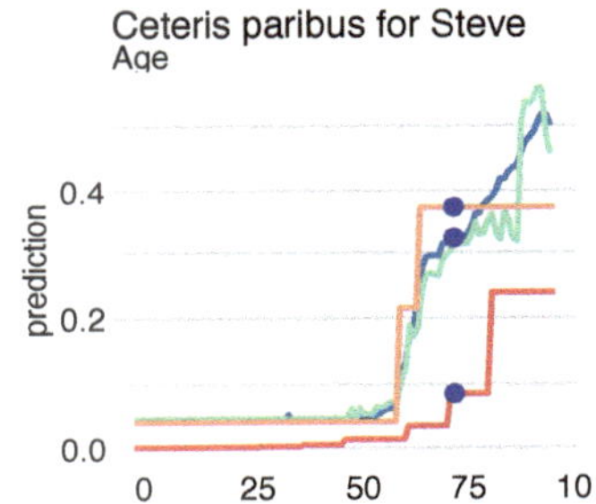

Şekil 24: Steve için CP profilleri, renkler ele alınan dört modeli temsil eder.

`plot` fonksiyonu, birden çok modeli birleştirerek benzerlikleri ve farklılıkları görmeyi kolaylaştırır.

```
cp_cdc <- predict_profile(model_cdc, Steve)
cp_tree <- predict_profile(model_tree, Steve)
cp_tune <- predict_profile(model_tuned, Steve)
# See Figure 24
plot(cp_cdc, cp_tree, cp_ranger, cp_tune,
     variables = "Age")
```

CP profilleri, modeldeki değişkenlerin önemini belirlemek için de kullanılır. Profiller ne kadar dalgalanırsa, değişken o kadar etkilidir. Böyle bir önem ölçüsü, `type = "oscillations"` seçeneği altındaki `predict_parts` fonksiyonu ile uygulanır: [39].

```
predict_parts(model_ranger, Steve,
              type = "oscillations")
#                    _vname_ _ids_ oscillations
# 2                      Age     1   0.22872998
# 6         Kidney.Diseases     1   0.16371903
# 7                   Cancer     1   0.09641507
# 4                 Diabetes     1   0.05052652
# 3 Cardiovascular.Diseases     1   0.03984208
# 1                   Gender     1   0.03308303
# 5    Neurological.Diseases     1   0.03164090
```

[39] Salınım boyutu birçok şekilde ölçülebilir, varsayılan olarak CP profili ile model tahmini düzeyinde yatay bir çizgi arasındaki alandır.

İşte, Steve için detaylı risk analizi sonuçları.
NAZWISKO: S.
WIEK: 76 LAT
PŁEĆ: M
CHOROBY:
NADCIŚNIENIE
Cancer = No
Kidney Diseases = No
Neurological Diseases = No
Diabetes = No
prediction
0.043
+0.181
0.268
Yüksek riskin kaynağı çoğunlukla yaş ve hipertansiyondan kaynaklanıyor. Diğer değişkenlerin etkisi çok az.
Ceteris Paribus profile
created for the AutoTune model
Age
prediction
Riski artıran yaş. 60 yaş sonrası için risk çok hızlı artıyor.
Steve bir an önce aşılanmalı!

Şimdi her bir hasta için riski hesaplayabiliriz.
Bunu hesaplarsak, hastalar için aşılanma önceliğini belirleyebiliriz.
İşte hastaların listesi burada.
Bir uygulama yazıyorum.
Böylelikle herkes kendi riskini hesaplayabilir.
Uygulamayı CRS19.pl adresinden erişime açabiliriz.
Bir rapor da hazırlayabiliriz.
Biter bitmez Bay MI2'ye sonuçları gönderebiliriz.
KLIK!

Modelin Kullanımı

Covid verileri için oluşturulan modeli bu kitaptaki açıklamalarla birlikte `https://crs19.pl/` web sayfasında erişilebilir hale getirdik. İki ay sonra on binlerce kişi tarafından kullanılmıştır. Uygun araçlarla böyle bir modelin geliştirilmesi çok zor değildir.

Güvenli ve etkili bir model elde etmek için ayrıntılı bir Açıklayıcı Model Analizi yapmak gereklidir. Ancak, çoğu zaman bunun için fazla zamanımız olmuyor. Bu nedenle, hızlı ve otomatikleştirilmiş model keşfini kolaylaştıran araçlar çok kullanışlıdır.

Bu araçlardan biri `modelStudio`[40]'dur. Javascript tabanlı etkileşim ile bir explainer nesnesini HTML sayfasına dönüştüren bir pakettir. Böyle bir HTML sayfasının bir diske kaydedilmesi veya e-posta ile paylaşılması oldukça kolaydır. Web sayfasında yüklü çok sayıda açıklama aracı bulunmaktadır. Bu nedenle sayfanın açılması biraz zaman alabilir, ancak model araştırması çok hızlıdır ve geri bildirim döngüsü iyi çalışmaktadır.

[40] Hubert Baniecki and Przemyslaw Biecek. The Grammar of Interactive Explanatory Model Analysis. Arxiv, 2020. URL `https://arxiv.org/abs/2005.00497`

Bir explainer nesnesi için `modelStudio` oluşturmak çok kolaydır.

```
library("modelStudio")
ms <- modelStudio(model_ranger)
# See Figure 25
ms
```

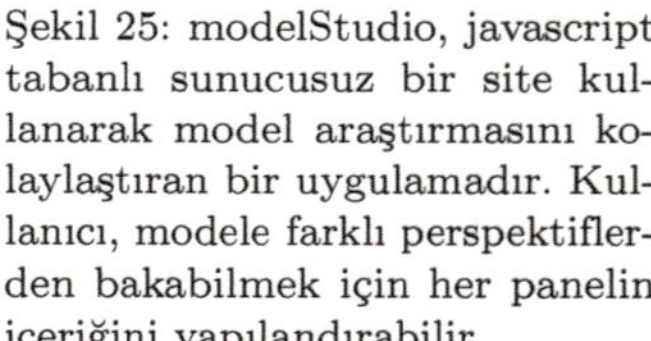

Şekil 25: modelStudio, javascript tabanlı sunucusuz bir site kullanarak model araştırmasını kolaylaştıran bir uygulamadır. Kullanıcı, modele farklı perspektiflerden bakabilmek için her panelin içeriğini yapılandırabilir.

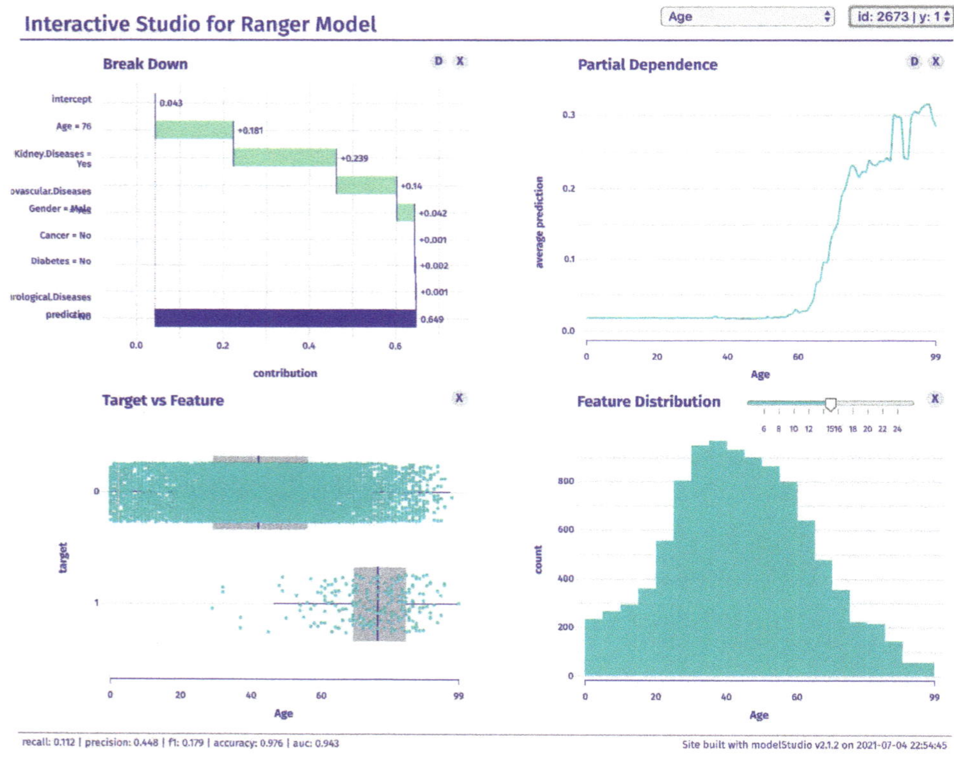

FIFA veri kümesine dayalı olarak futbolcu değerinin tahmini için kullanılan çok sayıda değişken ile oluşturulan modele şu adresten göz atabilirsiniz: `https://pbiecek.github.io/explainFIFA20/`.

Birkaç modelin karşılaştırmasını otomatikleştirmek istiyorsak, `Arena` çok uygun bir araçtır. Canlı (gerekli istatistikleri anında ekleyen sunucu ile) veya önceden hesaplanmış istatistikler olmak üzere iki modda çalışabilir. Birçok model ve büyük veri kümesi söz konusu olduğunda, canlı mod çok daha uygundur.

Gösterge tablosu `create_arena` fonksiyonuyla oluşturulur. Daha sonra `push_model` ve `push_observations` ile, model keşfi için daha fazla model ve daha fazla gözlem eklenebilir. Ortaya çıkan nesne, `run_server` fonksiyonuyla canlı web uygulamasına dönüştürülebilir.

Aşağıdaki kodlar, dört covid modelini bir gösterge paneline dönüştürmektedir.

```
library("arenar")
library("dplyr")

covid_ar <- create_arena(live = TRUE) %>%
    push_model(model_cdc) %>%
    push_model(model_tree) %>%
    push_model(model_ranger) %>%
    push_model(model_tuned) %>%
    push_observations(Steve)
# See Figure 26
run_server(covid_ar)
```

Şekil 26: `arenar`, birden çok modelin keşfedilmesini kolaylaştıran bir web uygulamasıdır.

FIFA veri kümesine dayalı olarak futbolcu değerinin tahmini için kullanılan çok sayıda değişken ile oluşturulan modelin gösterge paneline şu adresten göz atabilirsiniz::`https://arena.drwhy.ai/?demo=1`.

Evet,
şimdi bitti
işte!
Bu defa
seninle aynı
fikirdeyim.
Büyük bir maceraydı.
Artık özgürüz.
Hadi çılgınca bir şeyler
yapalım.
İKİ DAKİKA SONRA...
???

Yapma kardeşim!
Senin eğlenceden
anladığın bu mu?
Tetris oynayabilen
yapay zeka programlamak.
İşte eğlence bu!
Açıkla
Açıkla
Açıkla
MI DATA LAB
... BETAAA!!!
Benzer modelleri
başka nerelerde
kullanabileceğimiz
üzerine düşünmeye
ne dersin?
Zawada 2021

Hubert Baniecki and Przemyslaw Biecek. The Grammar of Interactive Explanatory Model Analysis. Arxiv, 2020. URL https://arxiv.org/abs/2005.00497.

Przemyslaw Biecek. DALEX: Explainers for Complex Predictive Models in R. Journal of Machine Learning Research, 19(84):1–5, 2018. URL https://jmlr.org/papers/v19/18-416.html.

Przemyslaw Biecek and Tomasz Burzykowski. Explanatory Model Analysis. Chapman and Hall/CRC, New York, 2021. URL https://pbiecek.github.io/ema/.

L. Breiman, J. H. Friedman, R. A. Olshen, and C. J. Stone. Classification and Regression Trees. Wadsworth and Brooks, Monterey, CA, 1984.

Leo Breiman. Random forests. Machine Learning, 45(1):5–32, 2001a. ISSN 0885-6125.

Leo Breiman. Statistical modeling: the two cultures. Statistical Science, 16(3):199–231, 2001b.

Torsten Hothorn and Achim Zeileis. partykit: A modular toolkit for recursive partytioning in R. Journal of Machine Learning Research, 16:3905–3909, 2015.

Gareth James, Daniela Witten, Trevor Hastie, and Robert Tibshirani. An Introduction to Statistical Learning: with Applications in R. Springer, 2013. URL https://www.statlearning.com/.

Michel Lang, Martin Binder, Jakob Richter, Patrick Schratz, Florian Pfisterer, Stefan Coors, Quay Au, Giuseppe Casalicchio, Lars Kotthoff, and Bernd Bischl. mlr3: A modern object-oriented machine learning framework in R. Journal of Open Source Software, 2019. doi: 10.21105/joss.01903.

Andy Liaw and Matthew Wiener. Classification and Regression by randomForest. R News, 2(3):18–22, 2002.

R Core Team. R: A Language and Environment for Statistical Computing. R Foundation for Statistical Computing, Vienna, Austria, 2021. URL https://www.R-project.org/.

Hadley Wickham and Garrett Grolemund. R for Data Science: Import, Tidy, Transform, Visualize, and Model Data. O'Reilly Media, Inc., 2017.

Marvin N. Wright and Andreas Ziegler. ranger: A fast implementation of random forests for high dimensional data in C++ and R. Journal of Statistical Software, 77(1):1–17, 2017.

www.ingramcontent.com/pod-product-compliance
Ingram Content Group UK Ltd.
Pitfield, Milton Keynes, MK11 3LW, UK
UKHW060025300726
14090UKWH00019B/1079